Carmen Maria Poller

Gesundes Selbstbewusstsein: Stresskiller Nr. 1

Mein Leben positiv verändern

Ellert & Richter Verlag

Inhalt

Schritt 2: Wie Sie sich Ihrer Gedanken bewusst werden und mentale Stärke aufbauen

Ich möchte mich bei allen Menschen bedanken, die mir ihr
Vertrauen schenken und dadurch mein Selbstvertrauen stärken.
Sie lassen mich erblühen und wachsen.

Dieses Buch widme ich meiner Tochter Alissa.
Sie hat die wunderbare Gabe, das Schöne in der Welt und im
Menschen zu sehen.

Veränderungen beginnen im Kopf

Dr. Michael Spitzbart

Am Anfang allen Handelns steht immer ein Gedanke. Aus Gedanken werden Worte. Aus Worten werden Taten. Unsere Taten bestimmen über unsere Zukunft, unseren Charakter und letztendlich unser Schicksal. Veränderungen beginnen im Kopf. Klug ist, wer den richtigen Hebel ansetzt und über Selbstcoaching seine Gedanken und Handlungen reflektiert und verändert. Unser Gehirn ist wie ein Computer, der zunächst völlig neutral gestartet wird und den wir im Laufe unseres Lebens mit unzähligen Informationen füttern. Was viele nicht wissen: Das Gehirn wertet nicht zwischen positiv und negativ. Das ist unserem Großrechner völlig gleichgültig. Nur speichert unser Gehirn sämtliche Informationen ab und verarbeitet sie weiter. Mehr noch. Es wächst an seiner Aufgabe und will uns in Zukunft alles leichter machen. Wenn jemand also viel Negatives abspeichert, wird das Gehirn in Zukunft versuchen, von sich aus immer negativer zu denken. Wenn wir umgekehrt viel Positives aufnehmen, wird das Gehirn in Zukunft von sich aus eher positiv denken.

Wichtig: Nicht wir denken, es denkt. Gedanken kommen, wenn die Gedanken es wollen – nicht wenn wir es wollen. Wer kennt nicht diesen inneren Dialog – dieses innere Zwiegespräch, das wir ständig und unablässig mit uns selbst führen. Besonders kurz vor dem Einschlafen, wenn uns keine anderen Eindrücke mehr ablenken, kommt es zum Vorschein. Wer in der Vergangenheit viele positive Informationen abgespeichert hat, der hat auch einen positiven inneren Dialog. Wer aber aus Versehen mehr Negatives abgespeichert hat, der liegt abends unter der Bettdecke und richtet und rechtet mit Gott und der Welt. Denkt nach über verschüttete Milch – und stellt sich in schillernden Farben vor, was noch alles hätte passieren können. Spätestens dann ist es an der Zeit, dieses Buch zu lesen.

Einleitung

Mut ist der Anfang

„Mut steht am Anfang des Handelns, Glück am Ende."
(Demokrit)

Oder wie es die junge Psychologie-Studentin Julia Engelmann, die mit ihrem Poetry-Slam bei YouTube innerhalb von 48 Stunden von 60 000 Klicks auf über 1 000 000 Klicks hochschoss, ausdrückte: „Mut ist nur ein Anagramm von Glück." Sie ist jung und spricht fünf Minuten über alles, was sowohl ihre Generation als auch die Älteren stark bewegt. Es ist das Leben selbst. Es ist der Sinn des Lebens. Es ist die Angst, es zu verpassen oder zu versauen.

„Eines Tages, Baby, werden wir alt sein, und an all die Geschichten denken, die wir hätten erzählen können." – „Bin ein entschleunigtes Teilchen, lass mich begeistern für Leichtsinn – wenn ein anderer ihn lebt." – „Mein Leben ist ein Wartezimmer ..." – „Und wer immer wir auch waren, lass mal werden, wer wir sind." – „Lass mal Dopamin vergeuden ..."

Denken Sie einmal über folgende Fragen nach:

- **Wie werden Sie zu dem Menschen, der Sie tatsächlich sind und der Sie sein wollen?**
- **Kennen Sie sich überhaupt ausreichend und haben Sie eine Ahnung davon, was alles in Ihnen steckt?**
- **Haben Sie alle Ihre wunderbaren Eigenschaften und Persönlichkeitsanteile bereits entdeckt und präsentieren diese stolz nach außen?**

Ich glaube, ich erzähle Ihnen nichts Neues, wenn ich behaupte, dass Sie absolut einzigartig sind. In dieser speziellen Version mit dieser raffinierten Verdrahtung, die Ihr Profil ausmacht, gibt es lediglich ein Modell – und das sind Sie. Umso dramatischer wirkt die Tatsache, dass viele Menschen überhaupt nicht wissen, wer sie sind und wessen Leben sie eigentlich leben. Sie wirken wie ferngesteuert, erledigen routiniert ihren Alltag, rennen fleißig im beruflichen Hamsterrad und merken gar nicht, wie sie sich selbst abhandenkommen.

Die Australierin Bronnie Ware hat Sterbende in den letzten Wochen ihres Lebens begleitet und mit ihnen über ihre Versäumnisse und Wünsche gesprochen. Sie wollte herausfinden, welche Dinge die Menschen bereuen oder was sie tun würden, wenn sie eine zweite Lebenschance erhielten. Darüber hat sie ein Buch geschrieben mit dem Titel: *5 Dinge, die Sterbende am meisten bereuen*, und zwei Sätze aus diesem Buch würde ich Ihnen gern ans Herz legen: „Ich wünschte, ich hätte den Mut gehabt, mein eigenes Leben zu leben." – „Ich wünschte, ich hätte mir erlaubt, glücklicher zu sein."

Vielleicht gehören Sie ja auch zu denen, die manchmal das Gefühl haben, im falschen Leben zu stecken. Die es schon in der Jugend immer den Eltern recht machen wollten und heute innerhalb der Gesellschaft möglichst unauffällig und angepasst leben – ein anständiger Beruf, ein vorzeigbares Familienleben, keine Verrücktheiten, keine Skandale. Selbst wenn man innerlich ausgebrannt und vertrocknet ist, wird noch der äußere Schein gewahrt. Und dies alles in dem Bewusstsein, dass wir nur ein Leben zur Verfügung haben – genau dieses hier!

> *„Ich bereue nichts im Leben – außer dem, was ich nicht getan habe."* (Coco Chanel)

Vielleicht sind Sie aber noch jung und neigen dazu, immer auf das Leben der anderen zu schielen. Kein Tag vergeht, an dem Sie nicht mit der Nase am Smartphone kleben und die Erlebnisse der anderen bei Facebook & Co. verfolgen. Sie liegen auf der Lauer und vergleichen sich und Ihre Leistungen fortlaufend mit denen Ihrer Bekannten und Freunde oder mit der vermeintlich prachtvollen und leichtfüßigen Glamourwelt einiger Promis. Wir befinden uns auf einem großen Jahrmarkt der Eitelkeiten und in einem ständigen Bemühen um Selbstoptimierung. Im Vergleich zu anderen fühlen wir uns oftmals klein und unzulänglich. Weil wir lieber auf das schauen, was wir nicht haben, oder uns auf unsere Schwächen konzentrieren. Weil Angst unser Leben bestimmt – die Angst, zu versagen oder falsche Entscheidungen zu treffen. Und gerade dann, wenn es darum geht, eingefahrene und gewohnte Situationen kompromisslos zu verändern, haben wir schlicht und ergreifend die Hosen voll. **Ein gesundes Selbstbewusstsein ist die Basis für ein gelungenes und glückliches Leben.**

In meiner Tätigkeit als Zuhörer und Coach wurden mir viele Geschichten erzählt, die eins sehr deutlich machen: Den meisten Menschen fehlt der Mut, so zu sein, wie sie sind. Und so zu leben, wie sie wollen. Sie sind sich ihrer selbst nicht bewusst, schätzen sich nicht genügend wert, haben zu wenig Vertrauen in die eigenen Fähigkeiten und treten unsicher auf. Sie vermeiden es, ihr echtes ICH zu präsentieren. Deshalb gilt: Sie können nicht früh genug damit anfangen, diesen wertvollen Kern in sich zu stärken.

Eine Zeit lang habe ich als Selbstbehauptungstrainerin für Kinder und Jugendliche gearbeitet, die lernen sollten, sich stark und unbeeinflussbar zu zeigen, gerade gegen sexuelle Übergriffe durch Erwachsene. Es war wunderbar mitzuerleben, wie diese jungen Menschen über sich hinauswachsen können, wie ihre Körperhaltung immer stolzer und gerader wird, ihre Sprache laut und deutlich und ihr Blick unmissverständlich selbstbewusst.

Wie ich auf die Idee kam, dieses Buch zu schreiben

Als ich vor einigen Jahren den „Nähkreis" ins Leben rief, eine Agentur, die darauf spezialisiert war, homosexuelle Menschen bei der Partnersuche zu unterstützen, wandten sich vor allem Menschen an mich, die heimlich und versteckt ihre Veranlagung lebten. Zu meinen Klienten zählten Männer und Frauen, vor allem Akademiker und Geschäftsleute, die nach außen stark und selbstsicher auftraten, im Kern allerdings oft von Scham und Selbstzweifeln zerfressen waren. Hier wurde mir zum ersten Mal frei nach dem amerikanischen Psychologen Nathaniel Branden so richtig bewusst: „Von allen Urteilen, die wir in unserem Leben fällen, ist keines wichtiger als das Urteil, das wir über uns selbst fällen."

Plötzlich war klar, dass wir in erster Linie über uns selbst gut denken und natürlich auch sprechen sollten. Wir können nicht erwarten, dass uns ein anderer großartig findet, wenn wir uns selbst als minderwertig wahrnehmen. Jeder Mensch möchte von Bedeutung sein. Jeder möchte gesehen werden, Anerkennung finden und geliebt werden. Fangen Sie mit einem Menschen an, der Ihnen all das geben kann. Fangen Sie bei sich selbst an.

Das erwartet Sie

Dieses Buch soll Ihnen eine Hilfe sein, Ihren Gedanken eine Struktur zu geben und Ihre persönliche Erfolgsstory zu entwickeln. Dazu stelle ich Ihnen drei wichtige Schritte vor, die eine effektive und nachhaltige Stärkung Ihres Selbstbewusstseins zur Folge haben. Und wenn ich hier das Wort „nachhaltig" nenne, dann meine ich es genau so. Denn die gängigen Tipps für mehr Erfolg und Selbstbewusstsein funktionieren nicht, zumindest nicht für sich allein genommen. Sie wirken auf ein paar Menschen souveräner, wenn Sie aufrecht gehen und stehen, Blickkontakt halten und einen festen Händedruck trainieren – in Ihrem Inneren sieht es aber vielleicht weiterhin düster aus. Sie können Bungee-Jumping probieren oder im Hochseilgarten klettern – ein starkes Selbstbewusstsein und ein authentisches Leben haben Sie dadurch noch lange nicht.

Die Positive Psychologie ist ein vom amerikanischen Psychologen Martin E. P. Seligman geprägter Begriff für einen neuen Forschungszweig. Darin werden positive psychologische Aspekte untersucht wie Vertrauen, Optimismus, Glück und Geborgenheit. Die Positive Psychologie ist ressourcenorientiert und fragt danach, was uns stärkt und was uns glücklich macht.

Auf Grundlage dieser Entwicklungen in der Positiven Psychologie und in der modernen Hirnforschung möchte ich Ihnen eine 3-Schritte-Strategie vorstellen, bei der alle Schritte miteinander kombiniert werden. In drei voneinander abhängigen Phasen entwickeln Sie ein Bewusstsein für Ihr Selbstbild, Ihre Gedanken und Ihren Körper. Dieses ganzheitliche Denken schafft ein gesundes Selbstbewusstsein. Es ist die Basis für eigenverantwortliches Handeln und eine offene, positive Haltung. Es lässt uns mutig werden und hilft uns, Entscheidungen zu treffen. **Entscheidungen sind lebenswichtig.** Ohne diese Entscheidungsfreude rauschen Sie an einem erfüllten Leben vorbei.

Ein gesundes Selbstbewusstsein ist das Fundament, auf dem wir unser Leben aufbauen. Wenn das Fundament wackelt, brüchig ist oder in Schieflage gerät, können Sie darauf aufbauen, was Sie wollen, es wird nicht halten. Beziehungen scheitern, das Arbeitsleben wird zur Last und das Immunsystem schwächelt. Setzen Sie am Kern an und verändern Sie Ihr Leben nachhaltig positiv.

Die 3-Schritte-Strategie

Sie werden erstaunt sein, was alles möglich ist und vor allem, was alles in Ihren eigenen Händen liegt. Ich möchte diesen Ausflug zu wissenschaftlich fundierten Erkenntnissen auch unternehmen, damit Sie sehen, dass es hier nicht um esoterischen Hokuspokus geht, sondern um analytisch ermittelte, glasklare Fakten. Im Coaching werden diese Tatsachen bereits erfolgreich genutzt, um lösungsorientiert zu arbeiten.

Glückliches
und gesundes
Leben

Entscheidungen
treffen

Mut
Handlungsbereitschaft

Selbstverantwortung
Positive Erwartungshaltung
Offene Haltung

Selbstbewusstsein

Schritt 1	**Schritt 2**	**Schritt 3**
Ein positives Selbstbild entwerfen →	Mentale Stärke aufbauen →	Körpergefühl entwickeln

Für Sie ist es hilfreich, die Hintergründe zu begreifen, damit Sie ganzheitlich – Körper und Seele inbegriffen – an Ihrer Persönlichkeit arbeiten und Ihr wahres ICH zum Ausdruck bringen können. Die Wissenschaftler sind sich darüber einig, dass das Wohlbefinden und das Glück der Menschen gesteigert werden können, indem man sich auf das Gute im Leben fokussiert. Es geht darum, seinen Potenzialen und Werten entsprechend zu wirken. Dabei ist es ist sinnvoll, optimistische und gesund machende Gedanken zu pflegen. Dankbarkeit, Glaube und Hoffnung sind wichtige Begleiter. Warme und herzliche Beziehungen zu Freunden, Liebespartnern, Familienangehörigen, Nachbarn und Kollegen erhöhen das Glückspotenzial enorm.

Es gibt deutliche Überschneidungen zwischen diesen Lerninhalten aus der internationalen Glücksforschung und den neuesten Entwicklungen in der Medizin und Neurophysiologie. Das ist auch der Grund für den Begriff des „gesunden Selbstbewusstseins". Denn nur ein Mensch, der sich seiner selbst bewusst ist, der sich selbst wertschätzt und Vertrauen in die eigenen Fähigkeiten hat, kann ein authentisches und glückliches Leben führen. Ein Mensch ohne Selbstbewusstsein, der sich selbst nicht besonders mag, sein wahres Selbst womöglich versteckt oder gar verleugnet, wird früher oder später krank werden. Unsere Gedanken und unsere Einstellung sind für unsere Gesundheit mitverantwortlich. Körper und Geist befinden sich in einer unaufhörlichen Dauerkommunikation. Führen Sie deshalb die richtigen Selbstgespräche und achten Sie auf Ihr Vokabular. Wie das geht, erfahren Sie in diesem Buch.

Sie erhalten außerdem Anregungen zu mentalen Techniken und Werkzeugen aus dem Coaching-Bereich, damit Ihnen ein erfolgreiches Selbstcoaching gelingt. Das bedeutet, Sie werden lernen, eine Angelegenheit aus verschiedenen Perspektiven zu betrachten. Sie werden auf eine spannende Entdeckungstour gehen und sich am Schluss selbst die Fragen beantworten können: Wer bin ich? Was kann ich? Wo stehe ich? Wo will ich hin? Und vor allem: Wie komme ich dahin? Wie wird aus mir ein guter Typ? Wie erziele ich die Wirkung, die ich gern hätte?

Ich werde Ihnen alle wichtigen Sachverhalte klar und leicht verständlich präsentieren. Sie werden weder mit Mengen an Latein noch sonstigem Fachchinesisch überfallen, und ich hoffe, Sie haben Freude beim Lesen. Damit Sie sich inhaltlich gut zurecht-finden, gibt es eine strukturierte Form mit wiederkehrenden präg-nanten Aussagen, die entweder als Kernbotschaft oder als Einla-dung zu einer Übung zu verstehen sind.

Es erwartet Sie ein Angebot an verschiedenen Methoden, die sich besonders für ein Selbstcoaching eignen. Sie finden sie jeweils unter „Coach yourself". Ich stelle Ihnen außerdem Übun-gen aus dem Mentaltraining vor, die als „Kopfkino" oder einfach als „Übung" beschrieben werden.

Herzenssache – Das unabhängige Selbstbewusstsein

Eine Sache liegt mir dabei besonders am Herzen: Es geht um Stärke und Echtheit. Sich selbst und seine Stärken zu kennen und sich darauf zu fokussieren verleiht uns ein stabiles und unabhän-giges Selbstwertgefühl. Und nur ein unabhängiges Selbstbe-wusstsein, das heißt, eines, das nicht durch äußere Umstände beeinflussbar ist, gibt eine gesunde Basis des Lebens. Dann sind wir nicht auf die Komplimente der Freunde oder das Lob des Chefs angewiesen. Und genauso wenig durch Kritik oder verletzende Worte in unserem Selbstwertgefühl zu erschüttern. Diese Stabi-lität und ehrliche Akzeptanz macht es möglich, wahrhaft authen-tisch zu sein. Es geht nicht nur darum, ein paar Tricks einzuüben und sein Image aufzupolieren, um nach außen eine gute Perfor-mance hinzulegen.

Sie können ein schmeichelndes Make-up auflegen oder höhere Schuhe tragen, um größer zu wirken. Sie pflegen ein perfekt rasier-tes Bärtchen, tragen eine teure Uhr und einen Designer-Anzug. Sie fahren einen dicken Schlitten. Sie stehen aufrecht, Brust raus, Bauch rein, Schultern nach hinten. Sie lächeln. Sie halten Blick-kontakt. Sie haben einen festen Händedruck. Sie sind die Frau oder der Mann, die oder der auf andere selbstsicher und souverän wirkt. Doch wenn Sie in diesem Moment nichts weiter als eine schöne Verpackung sind, deren Inhalt aber eher eine Enttäu-schung ist, dann sind Sie eine Täuschung. Dann betrügen Sie nicht nur die anderen, sondern vor allem sich selbst. Es ist anstrengend, allen auf Dauer etwas vorzuspielen, was nicht zu Ihrem Inneren passt. Zudem werden die anderen es ohnehin mer-ken. Die Lücke zwischen Ihrer äußeren und inneren Identität sollte so klein wie möglich sein. Nur so wirken Sie auf die Außenwelt authentisch und werden auf ehrliche und gesunde Art die Herzen der anderen gewinnen.

Sie können ein unechtes und aufgesetztes Selbstbewusstsein auch mit dem Backen eines Kuchens vergleichen: Lassen Sie diesen eine gewisse Zeit im Ofen, sieht er schon lecker und kross aus. Er verspricht etwas, was er innerlich nicht halten kann. Unter einer schönen goldbraunen Kruste verbirgt sich eine rohe und matschige Konsistenz. Der Kuchen ist nicht durchgebacken. Unfertig und ungenießbar. Erst wenn das Innere zum Äußeren passt und Ihr Kuchen lange genug im Ofen war, wird er Ihnen gut schmecken. Dann ist er perfekt.

Sehen Sie, liebe Leser, genau das wollen wir erreichen: eine Persönlichkeit zu werden, die durch und durch, von den Wurzeln bis zu den Flügeln, mit Selbstbewusstsein, Stärke und Mut gespeist ist. Wobei die Wechselwirkungen zwischen innen und außen eine kraftvolle Energie sind, die wir uns – wie in den letzten Kapiteln des Buches beschrieben – noch zunutze machen werden. Unser Innerstes wird gestärkt *und* die Oberfläche poliert. Es ist wichtig, die Spielregeln des Lebens und Gesetze des Marktes sowie ihre Wirkmechanismen zu kennen. Sie bewegen sich deutlich souveräner in einer erfolgsbetonten Leistungsgesellschaft, wenn Ihre Persönlichkeit gefestigt ist und Sie sich Ihrer Außenwirkung bewusst sind. Wie Sie mit nützlichem Wissen, Empathie und einer Als-ob-Strategie Ihre Ziele erreichen, werden Sie in diesem Buch natürlich auch erfahren. Eine charismatische Ausstrahlung und ein positives Image werden die Ergebnisse Ihrer individuellen Potenzialentfaltung sein.

Jetzt liegt es an Ihnen, das Beste aus sich und Ihrem Leben zu machen.

Viel Freude beim Lesen,

Ihre Carmen Maria Poller

Schritt 1

Wie Sie sich Ihrer Persönlichkeit bewusst werden und ein positives Selbstbild entwickeln

Keiner kann mich stoppen auf dem Weg zu mir selbst

Glauben Sie an Horoskope? Täglich erscheinen diese in unzähligen Zeitschriften und Magazinen und werden von Millionen Menschen begeistert gelesen. Wenn ich mich im Bekanntenkreis umhöre, stelle ich fest, dass jeder mindestens einmal im Jahr auf irgendeine Art und Weise mit einem Tages-, Monats- oder Jahreshoroskop zu tun hat. Egal, ob Sie nun daran glauben oder nicht – es besteht tatsächlich die Möglichkeit, dass manches genau so geschieht, wie es im Horoskop beschrieben wird. Warum ist das so? Und welchen Einfluss haben wir selbst darauf?

Es ist eine Frage der eigenen Gedanken. Reine Kopfsache. Das, was Sie denken, kann für Sie Realität werden. Das, worauf Sie Ihre Energie konzentrieren, wird sich verstärken und wachsen. Und wenn Sie das immer und immer wieder tun, dann hat die ganze Sache System und es bilden sich in Ihrem Gehirn neue neuronale Verknüpfungen und Nervenbahnen. Das hat nichts mit Astrologie zu tun, es sind Erkenntnisse aus dem Bereich der modernen Hirnforschung und Neurowissenschaften. Nicht, dass Sie jetzt denken: „Oh, dann denke ich mal was Schönes, und alles wird gut!" Ganz so einfach ist es leider nicht. Es ist mühsamer, ähnlich wie Bauchmuskeltraining.

Vor einigen Jahren habe ich amüsiert mein Horoskop in einer der angesagten Frauenzeitschriften gelesen. Neben jeder Menge Infos zu Mode, Beauty und Lifestyle standen folgende Worte im Zeichen Krebs geschrieben:
„Es kommt eine aufregende und vielleicht alles verändernde Zeit auf Sie zu." *(„Oh, Gott", hab ich gedacht, „was meinen die damit?! Aber irgendwie spannend!")*
„Sie werden jemanden Neues kennenlernen, einen Menschen, auf den Sie lange gewartet haben. Jemanden, der Ihnen die Augen öffnet und für reichlich Verwirrung sorgt. Sie werden sich dieser Person erst langsam, dann jedoch immer lustvoller und intensiver hingeben." *(„Ach je", hab ich gedacht, „ich habe schon Aufregung genug und bin jetzt bald zwanzig Jahre verheiratet. Und jetzt noch mal ein neuer Mann?")*
„Dieser Mensch ist eine FRAU!" *(„Wie?", hab ich gedacht, „eine Frau? Wieso eine Frau, das passt doch gar nicht!")*

„Diese Frau sind Sie SELBST!" *(„Was? Ich selbst? Wollen die mich verarschen? Was heißt das denn? Was soll das bedeuten? Na ja, mal gucken ...")* Und tatsächlich: Es trat eine neue Frau in mein Leben. Und die war ich selbst.

Doch was hatte sich konkret verändert? Um es mit zwei Worten zu sagen: mein Blick!

Mein Blick auf die Dinge. Mein Blick auf mich selbst. Mein Blick durch die Augen der anderen. Der Blick in mein Innerstes. Parallel zu einem Augenproblem, das mir eine deutlich schlechtere Sicht bescherte, entwickelte ich eine Klarsicht bezüglich meiner eigenen Persönlichkeit. Ich begann, mich mit dem Thema zu beschäftigen, besuchte die Universität zwecks Fortbildungen, belegte Seminare, verschlang massenweise Bücher, diskutierte mit Kollegen und erprobte passende Coaching-Methoden an mir und willigen Familienmitgliedern. Ich war nicht mehr zu stoppen auf meinem Weg zu mir selbst.

Und wenn Sie sich jetzt auf den Weg zu sich selbst machen – und glauben Sie mir, das ist nichts für Feiglinge –, dann werden Sie sich auch mit Ihrer Vergangenheit beschäftigen. Doch der Weg lohnt sich und am Ende werden Sie sagen: „Wow – ich bin's!"

Was denken Sie über sich?

Ein Leben lang wird man gefüttert mit Botschaften, Anweisungen und Regeln, die einem vorschreiben, was man tun oder lassen soll. Was gut oder schlecht ist. Was normal oder unnormal ist. Es sind diese Sätze, die sich irgendwo in unserem Herzen oder unserem Kopf festgesetzt haben und konsequent als Riesenschriftzug wieder auftauchen, wenn ein Quäntchen Mut uns verleiten will, etwas zu tun, was wir bisher noch nicht getan haben. „Das geht nicht!" – „Das gehört sich nicht!" – „Das schaffst du nicht!" – „Du bist zu klein!" – „Zu jung!" – „Zu doof!"

Laut einer Studie der amerikanischen Harvard University hören wir allein bis zu unserem 18. Lebensjahr etwa 150 000 solcher Negativaussagen, die unser Selbstwertgefühl restlos demontieren können. Schon die Schule verlassen viele geschwächt, obwohl sie die Prüfung oder das Abitur erfolgreich bestanden haben. Doch bei so viel Fremdbestimmung haben sie versäumt, sich selbst – ihre Stärken und Schwächen, ihre Interessen und Leidenschaften, ihre Werte und Potenziale – kennenzulernen. Vielleicht kennen Sie die erste Strophe aus dem Lied *Du bist ein Riese, Max!* von Reinhard Mey:

Kinder werden als Riesen geboren,
Doch mit jedem Tag, der dann erwacht,
Geht ein Stück von ihrer Kraft verloren,
Tun wir etwas, das sie kleiner macht.
Kinder versetzen so lange Berge,
Bis der Teufelskreis beginnt,
Bis sie wie wir erwachsene Zwerge
Endlich so klein wie wir Großen sind!

In der Tat haben Kinder – vorausgesetzt, sie erleben ein behütetes und kindgerechtes Dasein – viele wunderbare Eigenschaften, die wir uns als Erwachsene wieder hart erarbeiten müssen. Sie sind neugierig, offenherzig, vorurteilsfrei, stark und ausdauernd, sie sind fantasievoll und in der Lage, das Schöne im Leben zu sehen. Mit der Zeit geht dann das eine oder andere verloren. Es werden negative Erfahrungen gemacht, das Heranwachsen wird begleitet von Misstrauen, Scham und Unsicherheit. Während vorher die Welt noch rosa, orange oder bunt war, wird sie zusehends dunkler und grauer.

Wussten Sie, dass wir um die 60 000 Gedanken am Tag haben? Und wussten Sie, dass nur drei Prozent davon positive und aufbauende Gedanken sind? Was wir denken, ist für unser Leben entscheidend. Es hat gravierende Auswirkungen, ob Sie denken, Sie können etwas schaffen, oder ob Sie denken, Sie schaffen etwas nicht. Es kann einen Rattenschwanz an Folgeerscheinungen nach sich ziehen, ob Sie eine Sache oder einen Menschen für gut oder schlecht befinden. Mal abgesehen von den gravierenden Folgen, die ein gedankliches Urteil über die eigene Person auslösen kann.

Ich bin einzigartig

Bevor Sie sich auf den Weg zu sich selbst machen, ist es wichtig, einige Zusammenhänge des Menschseins zu verstehen. Wir Menschen sind in unserer Zusammensetzung einzigartig, das heißt, es gibt niemanden, der genauso ist wie Sie oder ich. Keine zweite Person auf dieser Welt tickt zu 100 Prozent so wie Sie. Das betrifft unseren Charakter, unsere Haltung, unser Aussehen, unsere Gene, unser Verhalten und unser Umfeld.

Selbstverständlich sind manche uns näher als andere. Aufgrund einer übereinstimmenden Mentalität oder vergleichbarer Lebenserfahrungen fühlen wir uns ihnen verwandter. Sie sind für uns ganz besondere Menschen, die wir in unseren Vertrauenskreis hineinlassen, weil wir spüren, dass die Chemie stimmt oder wir einen Draht zueinander haben.

Doch egal, wie ähnlich man jemandem ist – es gibt ein interessantes Phänomen: Man könnte sagen, jeder trägt seine eigene Brille. Und was er durch diese Brille sieht, sieht nur er so. Doch die individuelle Sicht auf die Dinge ist nicht der einzige Unterschied. Ebenso spielen das Gesichtsfeld und die Bewegung des Kopfes eine Rolle.

Kopfkino: Die Wahrnehmung
Stellen Sie sich vor, Sie und ein anderer sehen dieselbe Person in Uniform. Trotzdem haben Sie nicht dasselbe Bild vor Augen und schon gar nicht dasselbe Gefühl im Bauch. Sagen wir, Sie sehen einen Soldaten. Wie sieht der aus? Was denken Sie? Sie denken: Gefahr, Waffen, Folter. Der andere denkt: Beschützer, Sicherheit, Respekt. Sie bemerken vielleicht anfangs eine dicke Narbe im Gesicht des Soldaten. Der andere registriert zuerst die blank geputzten Stiefel.

Jeder von uns hat eine andere Wahrnehmung und eine eigene Wirklichkeit. Das Bild, das Sie aufnehmen, wird erst durch ein Filtersystem geschleust und durch bereits gemachte Erfahrungen, Glaubensmuster und Überzeugungen zersetzt. Und wenn das Bild, einmal zerstückelt und wieder zusammengesetzt, in Ihrem Kopf ankommt, trägt es bereits einen aufgedrückten Stempel. Ihr inneres Urteil. Ihre Bewertung. Das alles passiert innerhalb von

Sekundenbruchteilen. Der Lauf durch den Filter entscheidet über bekannt oder unbekannt, sympathisch oder unsympathisch, über hopp oder top. Um bei diesem Beispiel zu bleiben: Genauso gut ist es möglich, dass einer die Person in Uniform sieht und ein anderer nicht. Er hat sie sozusagen gar nicht auf dem Schirm. Sie liegt entweder außerhalb seines Gesichtsfeldes beziehungsweise innerhalb eines blinden Flecks, oder aber der Radius der Kopfbewegung ermöglicht es nicht, diese Person wahrzunehmen. Sie merken also: Wir haben zwar alle Augen im Kopf, das heißt aber noch lange nicht, dass wir auch alle das Gleiche sehen können. Und sowieso nicht, dass wir alle dasselbe sehen. Und schon gar nicht, dass wir alles sehen können.

„Das Leben ist bezaubernd, man muss es nur durch die richtige Brille sehen." (Alexandre Dumas der Jüngere)

„Es gibt überall Blumen für den, der sie sehen will." (Henri Matisse)

Ich möchte Ihnen anhand einer psychologischen Versuchsreihe von Professor Richard Wiseman schildern, wie unterschiedlich Menschen sehen und wahrnehmen können.

Bitte stellen Sie Ihre Antennen auf Empfang. Öffnen Sie Ihren Geist und Ihr Herz. Schauen Sie nach links und rechts, nach oben und nach unten. Seien Sie neugierig. Seien Sie offen. Seien Sie erwartungsvoll. Erwarten Sie Gutes.

Glückspilz oder Pechvogel?

Richard Wiseman begann seine Karriere als professioneller Illusionist und war später an verschiedenen Universitäten in England tätig. Heute leitet er das Psychologie-Forschungszentrum der University of Hertfordshire. Sein Schwerpunkt liegt auf der wissenschaftlichen Erforschung des Alltags. So machte er es sich unter anderem zur Aufgabe herauszufinden, ob es ein Geheimnis um sogenannte Glückspilze gibt und ob man etwas tun kann, um sein Glück zu beeinflussen, oder ob alles nur ein Zufall ist.

Das Wiseman-Experiment

Die Versuchsgruppe bestand aus Teilnehmern zwischen 17 und 84 Jahren, die einer der beiden folgenden Aussagen zustimmten:

1. „Ich bin ein Glückspilz. Ich scheine oft zur richtigen Zeit am richtigen Ort zu sein. Meist passieren mir großartige Dinge einfach nur so. Mir fallen die angenehmen Dinge manchmal einfach in den Schoß."

– oder –

2. „Ich bin ein echter Pechvogel. Was ich anpacke, geht schief. Irgendwie habe ich ein Talent, immer mit dem Fuß in die Dreckpfütze zu stiefeln. Meistens klappen die Dinge nicht."

Richard Wiseman hatte extra für dieses Experiment eine Zeitung mit 43 Bildern drucken lassen. Er verteilte sie und gab dazu folgende Anweisung: „Bitte sagen Sie dem Versuchsleiter so schnell wie möglich, wie viele Bilder in der Zeitung sind!" Der Clou an der Sache: Auf der zweiten Seite stand über eine halbe Seite folgender Satz in Großbuchstaben: SIE BRAUCHEN AN DIESER STELLE NICHT MEHR WEITERZUZÄHLEN, ES SIND GENAU 43 BILDER IN DER ZEITUNG!

Das Ergebnis war verblüffend. Die Glückspilze hatten fast allesamt diesen Schriftzug entdeckt und sofort dem Versuchsleiter gemeldet. Die Pechvögel hatten – bis auf eine oder zwei Ausnahmen – alle diesen Hinweis übersehen. Einfach nicht gelesen. Interessant, oder?

Genauso verhielt es sich bei einem weiteren Experiment, bei dem folgender Satz geschrieben stand: HÖREN SIE AUF ZU ZÄHLEN UND MELDEN SIE DEM VERSUCHSLEITER, DASS SIE DIESEN SATZ ENTDECKT HABEN. DAFÜR ERHALTEN SIE 100 PFUND!

Fast alle Personen, die sich für Glückspilze hielten, entdeckten diese Botschaft. Von den Pechvögeln hatte wieder, bis auf wenige Ausnahmen, kaum jemand diesen Satz gelesen.

Vielleicht fragen Sie sich jetzt, warum ich Ihnen von diesem Experiment erzählt habe. Sie wollen doch wissen, wer Sie sind, wohin Sie wollen und wie Sie stark, mutig und glücklich werden. Bevor wir sozusagen ans Eingemachte gehen und uns mit der Erforschung und Architektur unseres Egos beschäftigen, möchte ich Sie sensibilisieren für all die Möglichkeiten, die von Natur aus in uns angelegt sind. Es ist vor allem das unglaubliche Geschenk, dass Sie Herrscher über Ihre eigenen Gedanken sind und verantwortlich für Ihre innere Haltung. **Sie selbst entscheiden, ob Sie Ihre Einstellung ändern oder beibehalten wollen.** Was Sie denken, ist in Ihrer Welt richtig und Realität. Sie haben die Chance, den Blick auf sich selbst zu richten und zu entscheiden, ob Ihnen die Brille, die Sie tragen, zusagt. Sind Sie einverstanden mit dem, was Sie sehen und was Ihre Realität und Ihr Leben ausmacht?

Richard Wiseman hatte mit seinen Forschungen vorausgesagt, dass das Glücksgefühl sich erhöht, wenn man so denkt und fühlt wie ein Glückspilz. Das bedeutet, zukünftige Ereignisse in schönen Bildern zu sehen, in froher Erwartung zu sein, neugierig und offen durch die Welt zu gehen, neue Kontakte zu knüpfen und Erfahrungen zu machen. Wiseman hatte für seine Probanden eine „Schule des Glücks" eingerichtet und begleitete sie vier Wochen. Anschließend fühlten sich 80 Prozent der Teilnehmer zufriedener. Sie gaben an, dass sich ihr persönliches Glück erhöht hatte.

Laut Wiseman neigen Pechvögel dazu, viel nachzudenken und zu grübeln und so ihre negativen Erlebnisse immer wieder Revue passieren lassen, sodass diese immer präsent bleiben. Das erhöht die Anspannung, was wiederum ängstlicher und unaufmerksamer macht. Dadurch wird man nicht unvorsichtiger, sondern durch das viele Grübeln entsteht eine Art Tunnelblick. Glückspilze verhalten sich genau anders herum. Sie haken Vergangenes ab, da sie hier ohnehin nichts mehr ändern können. Sie leben vorzugsweise im gegenwärtigen Moment und richten ihren Blick in eine positive Zukunft.

Eine Möglichkeit der Entspannung bietet die Meditation, die unsere intuitiven Fähigkeiten verbessert und uns erlaubt, im Hier und Jetzt zu sein. Um sich schnell und unkompliziert von negativen Gedanken zu befreien, empfiehlt Wiseman auch, Freunde zu treffen, in die Natur zu gehen, Sport zu machen, Musik zu hören oder einen lustigen Film anzuschauen.

Beachten Sie folgende Punkte:

- **Erwarten Sie positive Erlebnisse**
Gehen Sie davon aus, dass Sie auf dieser Welt sind, um möglichst viele schöne Erfahrungen zu machen, und dass sie genau diese auch verdient haben.
- **Seien Sie aufmerksam und offen**
Schauen Sie ruhig mal nach links und rechts, anstatt mit einem Tunnelblick durch die Gegend zu laufen. Halten Sie Augen und Ohren auf und kommen Sie gern mit anderen ins Gespräch.
- **Bewerten Sie negative Erlebnisse anders**
Wenn es sich nicht gerade um schwerwiegende Schicksalsschläge handelt, dann sagen Sie sich, es hätte schlimmer kommen können, es wird schon wieder besser.
- **Sorgen Sie für Entspannung**
Nehmen Sie das Leben und die Dinge, die passieren, nicht zu ernst. Entspannte Menschen sind aufmerksamer als angespannte und ängstliche Personen.

Das positive Selbstbild

Wie sehen Sie sich selbst? Haben Sie ein gutes Selbstbild oder sind Sie mehr der Zweifler, der überwiegend seine Schwächen, Fehler und Misserfolge wahrnimmt? Ich habe die Erfahrung gemacht, dass Menschen oft wie aus der Pistole geschossen über ihre negativen Eigenschaften und ihr Scheitern berichten können. Sie wissen häufig ganz genau, welche äußerlichen Merkmale ihnen an ihrem Gesicht und Körper nicht gefallen, und besitzen ein untrügliches Gefühl dafür, was sie alles nicht haben, aber gern hätten. Die wenigsten sind in der Lage, den Fokus auf ihre Stärken und Erfolge zu lenken und dankbar für das zu sein, was schon da ist.

Die amerikanische Lernforscherin Carol Dweck hat herausgefunden, dass nicht Intelligenz und Fleiß die entscheidenden Erfolgsfaktoren im Leben sind, sondern das positive Selbstbild. Bereits Schüler werden dadurch angespornt, mit Freude zu lernen und gern Leistung zu bringen. Sie sind automatisch motivierter und fleißiger, was früher oder später zu mehr Erfolg führt.

Es ist wichtig, dass das Selbstbild nicht statisch ist, sondern dynamisch und beweglich bleibt. Das macht weitere positive Veränderungen möglich und unterstützt eine erfolgreiche Entwicklung. Ein Beispiel: Wenn ich mich jetzt für einen guten Pianisten halte, werde ich zukünftig vielleicht ein herausragender Pianist. Vielleicht lerne ich auch noch ein anderes Instrument zu spielen, werde Dirigent oder Sänger.

Das Selbstbild ist also das Bild, das wir von uns selbst haben. Wenn ich in einem Coaching-Gespräch bin, gibt es grob gesagt zwei Sorten von Menschen: Die einen haben ein negatives Selbstbild und wissen es. Die anderen haben ein negatives Selbstbild und wissen es nicht. Letztere sind die, die sich selbst noch nicht kennengelernt haben.

Die Physik-Nachprüfung oder Die Ente, die nicht klettern konnte

Ich erinnere mich noch gut an den Tag meiner Physik-Nachprüfung, denn das Scheitern an diesem Tag war ein einschneidendes Erlebnis für mich. Ich besuchte die zehnte Klasse des Gymnasiums und war rein schulisch gesehen mittelmäßig motiviert, das heißt, meine Noten bewegten sich im Schnitt um ein gutes Befriedigend herum. Das war überhaupt nicht ungewöhnlich, so ging es vielen Schülern, die Einser-Kandidaten waren eine absolute Rarität. Umso beeindruckender empfinde ich die neue Generation an ehrgeizigen jungen Leuten, von denen viele – zumindest aus den Kreisen meiner Familie und Freunde – durchgängig ein Eins-Komma-Abitur abliefern.

Die Probleme mit dem Selbstbewusstsein konnten meine gute Laune und meine Leistungsbereitschaft in der Schulzeit doch erheblich beeinträchtigen. So kreisten meine Gedanken als Teenager oft um drei wichtige Kernthemen: Erstens: Warum muss ich die blöde Brille tragen? Zweitens: Wie werde ich diese Pickel wieder los? Drittens: Wann habe ich endlich einen süßen Freund?

Das war übrigens die Zeit, wo wir Pistazientee in der Teestube und später den billigen Lambrusco-Wein aus der 2-Liter-Flasche tranken. Wo Nina Hagen, Leonard Cohen und Pink Floyd unsere Begleiter waren und fast die komplette Oberstufe fleißig an ihren selbstgedrehten Zigaretten lutschte. Es war die Zeit der Jeans und Parkas, der Mofas und Käfer, des Polarisierens und Diskutierens. Doch ich war nicht fortlaufend damit beschäftigt, meine Eitelkeit zu pflegen und auf die Optik zu achten. Einen großen Teil meiner Zeit verbrachte ich in der Stadtbücherei und mit der Nase in Büchern. Von Sigmund Freud über Erich Fromm bis zu Alfred Adler und Carl Gustav Jung – überall hatte ich mal reingelesen. Die Psychologie war meine große Leidenschaft. Früher wollte ich noch die Geheimnisse der Schizophrenie ergründen, heute gefällt mir die neue Forschungsrichtung der Positiven Psychologie besonders gut. Und wenn Sie sich damit beschäftigen, dann werden Sie feststellen, dass immer wieder Worte wie Neurobiologie oder Quantenphysik auftauchen. Ausgerechnet Physik. Physik und Mathe waren die beiden Fächer, die mir in jenem Jahr mein Dasein besonders erschwerten. Ich erzähle in meinen Seminaren für junge Erwachsene und Auszubildende gern von diesem schwarzen Tag. Sie wissen, was zwei Fünfen bedeuten können? Nachprüfung! Sitzen bleiben! In die Zwergenklasse zurück! Blamage und Scham! Kennen Sie diese Textaufgaben, die man dreimal durchliest und noch immer nicht verstanden hat? „Eine Tante hat drei Nichten, die Älteste ist doppelt so groß wie die Zweitjüngste. Wie viel wiegt die Kleine?" Oder in Physik, wenn ein Geschoss von der Erde eine Kugel auf acht Meter Höhe hochschießt und dann nach der potenziellen Ladeenergie gefragt wird beziehungsweise man ausrechnen soll, mit welcher Wucht die Kugel wieder auf der Erde landet.

Mein Vater ist übrigens Diplom-Ingenieur und ein helles Köpfchen, wenn es um Fragen der Mathematik oder Physik geht. Mit ihm zusammen habe ich damals sechs Wochen lang drei Stunden täglich Physik gepaukt. Und dann, an jenem Prüfungstag, schüttelte meine problembeladene und verklemmt wirkende Physiklehrerin nach wenigen Minuten den Kopf und flüsterte mit gesenktem Blick: „Das war wohl nix!" Dann verschwand sie rasch hinaus zur Tür. Und ich stand da, alleine in dem treppenförmig angelegten Physik-Zimmer – deutlich geschockt, ungefähr so, als hätte ich einen Fußball in die Magengrube bekommen. Die Tränen schossen zeitgleich ein und ich weinte wie ein Schlosshund. Ich habe nie wieder in meinem Leben so geheult. In diesem Moment war ich nicht nur in Physik gescheitert, sondern auf der ganzen Linie. Ich fühlte mich winzig klein. Mein Selbstvertrauen hing in den Socken. In meinen Augen hatte ich versagt, und ich empfand es als echte Blamage, Peinlichkeit und Bestrafung, die Klasse wiederholen zu müssen.

Es spielte keine Rolle, dass ich in Französisch und Latein mit einer sehr guten Note ins Rennen ging. Meine sprachlichen Fähigkeiten ebenso wie mein psychologisches Interesse waren bedeutungslos. Eine Glanzleistung im 100-Meter-Sprint und ein gelungenes Kunstprojekt konnten mich auch nicht trösten. Ich hatte nur destruktive Gedanken: „Ich hab's vermasselt! Ich bin eine Niete! Ich bin unfähig! Schule ist Scheiße!"

Diese Erkenntnis erinnert mich übrigens an die schöne Fabel *Die Schule der Tiere* von George Harve Reavis aus dem Jahr 1937. Darin geht es um eine Tierschule, in der für alle die gleichen Fächer auf dem Stundenplan standen: Schwimmen, Rennen, Fliegen und Klettern. Und dann gab es da diese Ente. Sie war besonders gut im Schwimmen. Wie das bei Enten halt so ist. Besser sogar als ihre Lehrer. Im Fliegen war sie durchschnittlich. Im Rennen war sie schlecht. Und im Klettern war sie sauschlecht. Jetzt musste sie immer nachsitzen und Klettern üben. Dadurch wurde sie im Schwimmen immer schlechter. Jetzt schwamm sie mehr wie eine bleierne Ente und war nur noch Durchschnitt. Aber das störte in der Schule niemanden. Im Klettern wurde sie nicht viel besser. Diese Ente hätte die Meisterin aller Schwimmer werden können, hätte sie nicht ständig Klettern trainiert.

Na ja, was soll ich Ihnen sagen: Ich bin die Ente! Doch damals war mir noch nicht klar, dass mein Schicksal in meinen Händen liegt. Dass ich es bin, die entscheidet, ob sie eine Niederlage als gravierenden Misserfolg oder lediglich als Zwischenergebnis nimmt. Glauben Sie mir, auch wenn ich es heute verstehe, mit einem amüsierten Auge auf diese Enttäuschung zu blicken, so hatte sie mir deutlich zugesetzt. Jetzt weiß ich natürlich, wie wenig Sinn es hat, darüber nachzudenken, inwieweit die Entscheidung der Lehrerin wirklich gerechtfertigt war oder persönliche Sympathien bei der Beurteilung im Spiel waren. Es ist falsch und nicht zielführend, den Gedanken im Kopf zu haben, das arme und hilflose Opfer zu sein.

Ich erlebe heute in meinem Coaching Menschen, die aufgrund einer nicht geschafften Prüfung, einer Kündigung oder einer nicht bewältigten Aufgabe viele Jahre später immer noch mit ihrem angeknacksten Selbstwertgefühl zu kämpfen haben.

Wir lernen aus unseren Fehlern und wir wachsen an unserem Scheitern. Es gibt keine großen Meister, Unternehmer und spirituellen Lehrer, die nicht gescheitert sind. Viele wissen, dass es so ähnlich ist wie bei der Lotusblume, die sich erst ihren Weg durch Dreck und Schlamm bahnen muss, um dann in Klarheit und Schönheit in ihrer ganzen Blütenpracht aus dem Wasser zu ragen. Es gibt nur einen Menschen, den Sie ändern können, und das sind Sie selbst. Die Verantwortung und die Motivation entstehen in Ihnen.

Positive Psychologie – Wie Sie zum Gestalter Ihres Lebens werden

Die Psychologin Sonja Lyubomirsky beschreibt ihre Glücksstrategien in ihrem Buch *The How of Happiness (deutsche Ausgabe: Glücklich sein)*. Ihren Studien zufolge kann jeder Mensch sein Glücksniveau zu mindestens 40 Prozent durch Gedanken und ein bestimmtes Verhalten beeinflussen. Wichtig sind hierbei eine feste Absicht, eine starke Emotion und diszipliniertes Training. Zehn Prozent machen die äußeren Umstände aus, das heißt wie ich lebe, wer zu meiner Familie gehört, wie meine Lebensverhältnisse sind und wie viel Geld mir zur Verfügung steht.

Das scheint ein bisschen wenig zu sein, doch in der Tat haben Untersuchungen ergeben, dass ein größerer Lottogewinn die Glückskurve zwar schnell nach oben treiben kann, sie jedoch ebenso rasch wieder auf ihr gewohntes Level abfällt. Geld scheint zumindest kein Garant für dauerhaftes Glück zu sein. Zu 50 Prozent spielen die Gene eine Rolle, die uns als Talent oder als Ballast in die Wiege gelegt worden sind. Die meisten Menschen glauben, dass ihre Gene nicht veränderbar sind und ihr Schicksal vorbestimmen. Dabei ist laut Epigenetik lediglich die Genstruktur unabänderlich, die Genaktivität lässt sich jedoch verändern. Die Epigenetik ist ein Forschungszweig der Biologie und befasst sich mit der Frage, was die Aktivität eines Gens außerhalb der bekannten Genexpression beeinflussen kann. Früher ist die Wissenschaft davon ausgegangen, dass die Gene uns steuern, heute weiß man, dass wir auch die Gene steuern können.

Das Epi steht für „zusätzlich" und „außerdem". Die Gene sind laut Epigenetik zusätzlich durch starke Gefühle, Ernährung und Umwelteinflüsse veränderbar. Diese Genregulation dürfen wir uns ähnlich wie bei einem Lichtschalter vorstellen. Wir können ihn selber an- und ausschalten, oder bestimmte Umweltfaktoren betätigen diesen „Schalter".

Beispiel Epigenetik

Ein schönes Beispiel, um die Wirkungsweise epigenetischer Vorgänge zu erklären, findet sich bei den Honigbienen. Sie wissen bestimmt: Es gibt Königinnen und Arbeiterinnen. Doch welche Biene zur Königin reift, wird durch die Fütterung mit dem sogenannten Gelée Royale festgelegt. Wenn die Bienen aus dem Ei schlüpfen, sind alle Larven gleichartig. Jede von ihnen besitzt das Genmaterial, eine fruchtbare Königin zu werden, die als Herrscherin über den Stock regiert. Genauso gut kann jede von ihnen aber auch eine Arbeiterin werden, die keine Eier legen kann und für niedere Arbeiten wie Nestbau und Nahrungsbeschaffung zuständig ist. Das Genpotenzial ist identisch. Doch was passiert dann? Wie werden die Gene aktiviert?

In den ersten drei Tagen werden alle kleinen Larven mit dem besonderen Saft aus der Kopfdrüse der Ammenbienen gefüttert. Dieser Futtersaft ist das königliche Gelée Royale. Plötzlich verändern die Ammen ihr Verhalten und füttern den größten Teil nur noch mit Nektar und Pollen. Eine kleine Auswahl wird weiterhin bis zu ihrer Verpuppung mit dem feinen Königinnensaft genährt. So entstehen Königinnen. Der Futtersaft besteht zu einem großen Teil aus Wasser und Zucker. Darüber hinaus enthält er noch Eiweiße, Aminosäuren und einige Vitamine aus der B-Gruppe.

Die Epigenetik ist ein spannendes und komplexes Forschungsgebiet und ich möchte Ihnen eine Versuchsreihe schildern, damit Sie einen Eindruck von den unglaublichen Chancen erhalten, die durch dieses neue Wissen gegeben sind.

Eine Studie der Duke University weist nach, dass Umwelteinflüsse genetische Veränderungen bewirken können. Die sogenannte Agouti-Maus trägt das Agouti-Gen in sich und fällt durch ihre Fettleibigkeit und ihr gelbliches Fell auf. Diese Maus ist auch nicht sonderlich gesund, oft leidet sie an Herzkrankheiten, Krebs oder Diabetes. Den Mäusen wurden nun methylgruppenreiche Nahrungszusätze wie Vitamin B12, Cholin, Biotin und Folsäure verabreicht. Das sind Vitamine der B-Gruppe, die vor allem einem gesunden Stoffwechsel dienen. Wissenschaftler haben herausgefunden, dass diese Vitamine wichtig sind für die epigenetische

Regulation und eine wichtige Rolle bei Veränderungsprozessen spielen. Ernährung beeinflusst über Generationen hinweg das Auftreten von Erkrankungen. Das Ergebnis war eine ausgesprochen interessante Entdeckung. Die Mausmütter, die das Nahrungsergänzungsmittel erhalten hatten, brachten ganz normale Babys zur Welt. Sie waren schlank, braun und gesund. Und das, obwohl ihre Mütter das Agouti-Gen an sie weitergegeben hatten. Die Mütter, die keine zusätzlichen Nährstoffe erhalten hatten, produzierten gelbliche Junge. Ist das nicht verblüffend? Genetisch identische Mäuse – die eine gesund und die andere krank. Gene lassen sich also durch Nahrung verändern. Sie können sich vorstellen, was die Erkenntnisse für uns Menschen bedeuten können. Bereits jetzt weiß man, dass eine Vielzahl von Erkrankungen wie Krebs oder Herzleiden nicht auf Erbanlagen zurückzuführen sind, sondern umweltbedingte epigenetische Veränderungen eine Rolle spielen.

Es gibt wissenschaftliche Beweise dafür, dass auch unser Denken und Fühlen gewisse biochemische Abläufe verändern kann. Der Psychologe Stephen J. Suomi beschreibt in seiner sogenannten Gen-Umwelt-Interaktion seine Studien mit Rhesusaffen (sie sind uns Menschen von der Veranlagung sehr ähnlich) und nimmt dabei Bezug auf das Serotonintransporter-Gen. Dieses Gen ist dabei behilflich, mittels bestimmter Proteine, das Glückshormon Serotonin in unsere Zellen zu transportieren. Mit ausreichend Serotonin fühlen wir uns ausgeglichen, selbstbewusst und neigen selten zu Depressionen und Aggressionen. Das Serotonintransporter-Gen gibt es in zwei Varianten: einmal die kurze Variante mit einem erhöhten Depressionsrisiko und eine lange Variante, die einen ausgeglichenen Serotoninhaushalt anzeigt.

Doch wissen Sie, was wirklich interessant ist? Es muss überhaupt gar keine Rolle spielen, ob wir nun das gefährliche kurzgliedrige Gen oder die lange Form in uns tragen. Wenn ein Affe zum Beispiel eine fürsorgliche Mutter hat, dann ist die Länge des Gens völlig unwichtig und der Serotoninspiegel normal. Selbst dann, wenn er eine kurze Genvariante und sehr hohe Aggressionswerte hat, kurbelt diese wunderbare Mutter-Kind-Beziehung den Serotonintransport an und senkt die Aggressionswerte auf ein niedriges Niveau. Sie können sogar niedriger sein als mit der langen Genvariante.

Ein weiteres interessantes Beispiel ist eine Versuchsreihe, die im Rahmen der Zwillingsforschung durchgeführt wurde. Es geht um eineiige Zwillinge, zwei Frauen, die in ihrem Gen-Material absolut identisch sind. Sie haben beide eine schwere Kindheit durchgemacht. Die Ehe der Eltern war eine Katastrophe, der Vater ein gewalttätiger Trinker, der seine Töchter misshandelte und sexuell nötigte. Doch was ist aus diesen Frauen geworden, die in ihren Erbanlagen absolut gleich sind? Ich will es Ihnen sagen: Die eine Tochter kopiert das Familienleben ihrer Eltern, hat sich einen Säufer zum Mann genommen, der sie und die Kinder schlägt. Und die andere Tochter führt eine wunderbare Ehe und kümmert sich gemeinsam mit ihrem Mann liebevoll um die Kinder. Das wirklich Verblüffende an der Sache ist, dass beide Frauen ihren jetzigen Lebensstil mit den furchtbaren Kindheitserlebnissen begründen. Die eine hat etwas Gutes daraus gemacht und die andere ist gescheitert. Zu irgendeinem Zeitpunkt ist eine Entscheidung gefallen und das Gehirn hat sich entsprechend neu programmiert.

Liebe und Fürsorge, Umwelt und Ernährung, alles hat einen gravierenden Einfluss auf uns. Und Sie können es beeinflussen! Es liegt in Ihrer Hand!

Wenn Sie sich jetzt fragen: Warum erzählt sie mir das? Wie kann es mir helfen, mein ICH zu entdecken und der Mensch zu werden, der ich bin?, dann habe ich eine logische Antwort für Sie: Bevor Sie sich auf den Weg machen, Ihren wichtigsten Schatz zu heben, Ihre Persönlichkeit mit allen wunderbaren Stärken und Leidenschaften zu entdecken, möchte ich Ihnen wichtige Informationen liefern. Ich möchte Ihren Verstand schärfen, damit Sie genau wissen, was möglich ist und was nicht. Damit Sie sich darauf verlassen können, dass ein gesundes Selbstbewusstsein und ein glückliches Leben keine zufälligen Ergebnisse sind, sondern vielmehr logische Konsequenzen bestimmter Gedanken und Handlungen.

An den bedeutenden Eliteuniversitäten der Welt forschen Wissenschaftler aus der Psychologie, der Neurobiologie und Hirnforschung, der Philosophie und der Medizin an der Frage: Wie beeinflusst unser Geist unsere innere Haltung? Was haben unsere Gedanken mit unserer Einstellung zu tun? Wie kann unsere Einstellung unser Glück und unseren Erfolg beeinflussen? Inwieweit spielen unsere Gedanken bei unserer Gesundheit eine Rolle?

2009 hat der Psychologie-Professor der University of Pennsylvania und ehemalige Präsident der American Psychological Association, Martin E. P. Seligman, einen neuen Forschungszweig ins Leben gerufen – die eingangs schon erwähnte Positive Psychologie. Im Gegensatz zu der traditionellen Psychologie, die sich damit beschäftigt, psychische Krankheiten zu behandeln, ist die Positive Psychologie darauf ausgerichtet, Ursachen und Strategien des Glücks zu analysieren. Richtig revolutionär, wenn man bedenkt, dass es in den letzten 30 Jahren in der psychologischen Literatur um die 46 000 Artikel über Depressionen und gerade mal 400 über Freude gab (laut Myers Psychologie 2000).

Doch warum soll nur das Unglück analysiert werden, statt von glücklichen Menschen zu lernen, welche Faktoren unser Leben bereichern, es sinnvoll und glücklich machen? Die Frage ist nun nicht mehr, wie komme ich von -5 auf 0, sondern wie schaffe ich es, auf der Glücksskala von 0 auf +5 zu klettern.

Und das passiert nicht einfach so! Sie sind gefordert, Ihr Leben in die Hand zu nehmen und aktiv und eigenverantwortlich die ersten Schritte zu tun. Oder wie Arnold Schwarzenegger es ausdrückte: „Mit den Händen in den Hosentaschen kannst du nicht die Leiter des Erfolgs hochklettern."

Ich versichere Ihnen, Sie werden jede Menge Spaß dabei haben. Was kann es denn Schöneres geben, als die eigene wunderbare Persönlichkeit zu entdecken und auf ein erfülltes Leben zuzusteuern. Lassen Sie sich begeistern und inspirieren von den neuen Erkenntnissen der Wissenschaft. Und probieren Sie das eine oder andere in diesem Buch tatsächlich aus. Ich verspreche Ihnen, es wird Ihnen nicht schaden. Sie können nur gewinnen. Sie müssen sich an die erste Stelle setzen. Sie werden merken, dass ich Sie in diesem Buch immer wieder auffordern werde, ganz egoistisch zu sein. In einem positiven Sinn natürlich. Ich meine „gesunden" Egoismus. Es geht um Sie, um Ihr Leben und um Ihr Glück. Und das ist keinesfalls ein Ausdruck von Egozentrik oder Selbstverliebtheit – nein, es ist ein notwendiger erster Schritt, um auch andere Menschen wertzuschätzen und glücklich zu machen. Wenn Sie sich in Ihrer Haut, Ihrem Körper und Ihrem Leben wohlfühlen, dann werden Sie genau das ausstrahlen. Sie werden auf andere wie ein Magnet wirken und sie mit Ihrem Glück infizieren. Sie wissen ja, Glück vermehrt sich, wenn man es teilt.

Die wichtigste Erkenntnis aus Positiver Psychologie und Hirnforschung ist folgende: Alles, worauf wir uns konzentrieren, worauf wir unsere Gedanken, unseren Fokus richten, wird sich verstärken! Da, wo Energie ist, ist auch Wachstum! Das heißt: Wenn Sie einen Gedanken haben, dann wird aus diesem Gedanken ein Gefühl. Und dieses Gefühl bewirkt einen körperlichen Zustand. Übrigens funktioniert das auch anders herum, davon werde ich in einem späteren Kapitel ausführlicher berichten. Wenn Sie einen bestimmten körperlichen Zustand einnehmen, vermittelt diese Haltung ein bestimmtes Gefühl, welches sich wiederum in einem Gedanken festsetzt.

Stärken stärken

Die Positive Psychologie oder auch umgangssprachlich „Glücksforschung" hat bestimmte Determinanten für ein erfüllendes Leben festhalten können. Eine für das Selbstbewusstsein ausgesprochen wichtige Säule ist die Konzentration auf die eigenen Stärken und Potenziale.

Build what's strong. (Baue, was stark ist.)

Durch die Schulzeit – und Sie wissen ja, dass ich das am eigenen Leib erfahren habe – entwickelt sich häufig eine Sicht auf Fehler und Schwächen. Schüler werden herangezogen, sich auf den Ausgleich von Schwächen zu konzentrieren, um hier wenigstens Durchschnitt zu werden. Ansonsten gehen die Noten in den Keller und das Scheitern auf der weiteren schulischen Laufbahn ist vorprogrammiert.

In meinen Potenzialcoachings leite ich Menschen an, ihre Stärken und Talente zu entdecken, ihre Interessen und Leidenschaften herauszufiltern und ihre größten Motivationen und Werte zu finden. Ich bin überzeugt, dass ein Stärken der eigenen Stärken ein unglaubliches Wachstum zur Folge hat und Freude und Erfolg nicht ausbleiben. Und wenn die Schule beendet ist, dann ist eine Konzentration auf die Schwächen meist nicht mehr nötig. Sie können sie auch ganz vergessen, wenn die Beschäftigung damit ohnehin nur hinderlich auf Ihrem Weg ist oder Ihnen gar nichts bringt. Das heißt, Ihr Selbstvertrauen und Ihr Selbstwertgefühl werden gefördert, wenn Sie Ihre gesamte Gedankenwelt auf Ihre positiven

Eigenschaften, Stärken und Fähigkeiten ausrichten. Konkret bedeutet das: Denken Sie jeden Tag, morgens, mittags und abends an die Dinge, die Sie gut können und die Ihnen Freude bereiten. Fokussieren Sie Ihre gesamte Gedankenkraft auf positive Emotionen, auf Erfolge und auf Ziele. Erinnern Sie sich an die schönen Augenblicke im Leben. Blicken Sie zurück und suchen Sie in Gedanken die Momente, die Ihnen Kraft und Freude gegeben haben. Bemerken Sie alles, was Ihnen leicht von der Hand geht und gut gelingt.

EGO-Picture – Mein Selbstbild als Gedankenkarte

Jetzt machen Sie sich bitte konkret auf den Weg zu sich selbst. Sie sind eine Art Schatzsucher, und so wie ein Archäologe in den Tiefen der Erde gräbt, schauen Sie in Ihr Innerstes und entdecken Ihr wahres ICH. Ein Coach macht im Grunde genommen nichts anderes, als seinen Klienten die richtigen Fragen zur richtigen Zeit und auf die richtige Art und Weise zu stellen. Sie werden jetzt Ihr eigener Coach, und das bedeutet, sich selbst die richtigen Fragen zu stellen. Sie werden also in diesem Kapitel einige Coach-yourself-Einladungen erhalten, die Ihnen dabei helfen, Ihre Persönlichkeit in ihrer ganzen Vielfalt und Einzigartigkeit zu entdecken.

Es gibt verschiedene Möglichkeiten, sein positives Selbstbild zu entwerfen. Ich bevorzuge eine Darstellung als Bild und Mindmap, auf dem die wichtigsten Kernaussagen und Erkenntnisse schriftlich dokumentiert sind. Das entworfene und gezeichnete Bild nenne ich EGO-Picture. Besonders geeignet ist ein großes Blatt Papier im DIN-A2-Format. Dann brauchen Sie noch farblich verschiedene und stärkenmäßig unterschiedliche Filzstifte, und die Sache ist perfekt. Natürlich dürfen Sie hierbei auch kreativ werden, Symbole malen oder Bilder aufkleben in Form einer Collage. Das Selbstbild sollte kein feststehendes Ergebnis sein, sondern veränderbar und dynamisch. Denn Sie werden noch viele Erfahrungen sammeln, Neues dazulernen und Ihre Persönlichkeit weiterentwickeln. Das EGO-Picture sollte drei große Aufteilungen haben:

Übung: EGO-Picture

1. Das Fundament (unten)

Hier sammeln Sie Ihre Stärken, Fähigkeiten, Werte, Potenziale, Arbeitserfahrungen, Interessen und Erfolge. Entdecken Sie, was Sie besonders macht. Bei welchen Aktivitäten waren Sie glücklich und erfolgreich? Was können Sie besser als andere? Was macht Ihren Charakter aus?

Es gibt drei gute Möglichkeiten, seinen Stärken und Talenten auf die Spur zu kommen:

Sie können einen Stärkentest machen, der Ihre kognitiven Fähigkeiten wie Sprache, logisches Denken und Kreativität testet. Sie finden einen solchen beispielsweise in dem Buch *Lebe deine Stärken!* des Erfolgstrainers Jörg Löhr, der diesen in Zusammenarbeit mit einem Institut für Begabungsanalyse entwickelt hat.

Sie können sich selbst die richtigen Fragen stellen und mehr über Ihren Charakter, Ihre persönlichen Stärken und Ihre Entwicklungsbereitschaft erfahren.

Sie können andere Personen befragen, wie diese Ihre Stärken und Fähigkeiten einschätzen. Ihre Persönlichkeitsmerkmale sowie interpersonelle soziale Kompetenzen werden sichtbar.

2. Der Weg (Mitte)

Hier tragen Sie zusammen, wer oder was Ihnen guttut und wofür Sie dankbar sind. Finden Sie heraus, wofür Sie stehen und was Sie im Leben antreibt. Sich täglich zu vergegenwärtigen, wofür wir im Leben dankbar sein können, ist unter anderem eine Technik aus der Positiven Psychologie. Durch das gezielte Bewusstmachen der Dankbarkeit und durch das Verankern positiver Gefühle erhöht sich nachweislich das Glücksniveau.

3. Die Zukunft oder der Himmel (oben)

Hier schreiben Sie Ihre konkreten Ziele auf. Egal wie groß oder klein diese sind. Vielleicht finden Sie sogar Ihre Mission, Ihre Vision oder Ihr Lebensmotto. Unter Trainern wird gern eine Langzeitstudie zitiert, bei der Studenten nach ihren Zielen befragt wurden. Lediglich zwölf Prozent hatten überhaupt konkrete Ziele, der große Rest höchstens den einen oder anderen Wunsch. Zwei Prozent der Studenten hatten nicht nur ihre Ziele definiert, sondern diese auch schwarz auf weiß aufgeschrieben. Zwanzig Jahre später stellte sich bei einem erneuten Interview heraus, dass diese zwei Prozent mehr Geld in den letzten Jahren verdient hatten als die übrigen 98 Prozent.

Haben Sie Ihr EGO-Picture erstellt, lohnt es sich, einen finalen Blick darauf zu werfen und zu schauen, ob es einen roten Faden gibt – eine Sache, die immer wieder auftaucht. Vielleicht etwas, das sich von der Vergangenheit in die Zukunft zieht. Einen Hinweis darauf, was Ihnen wirklich wichtig ist. Oder eine Entdeckung, die Sie für einen bestimmten beruflichen Weg qualifiziert.

Manchmal tun wir Dinge im Leben, die uns in diesem Moment sinnlos und wertlos erscheinen. Und erst zu einem viel späteren Zeitpunkt erschließt sich eine Erkenntnis oder ergibt sich ein Vorteil aus dieser Sache. Früher habe ich in den Schulferien ein paar Mal in einem Werk gearbeitet, das kleine Teile für die Automobilindustrie hergestellt hat. Es war eine einfache Hilfsarbeit und diente lediglich der Aufbesserung meines Taschengeldes. Ich war gefordert, ein bisschen für den Führerschein und einen kleinen Gebrauchtwagen zu verdienen. Die Arbeit, die ich zu leisten hatte, war recht stupide, und nur durch ein Rotieren in die verschiedenen Abteilungen entstand ein flüchtiges Gefühl von Abwechslung. Ich weiß noch, als ich für ein paar Wochen in der Kontrolle landete und kleine Metallteile auf ihre Tauglichkeit prüfte. Der Vorarbeiter hatte mir einen prall gefüllten Riesenkarton mit vielen Tausenden Zylinderböden an die Seite gestellt. Jeden einzelnen musste ich durch eine Art Rutschbahn führen. Blieb einer hängen, dann hatte er nicht die erforderlichen Maße und wurde ausgemustert. Ging er durch, dann war er top. War die Kiste leer, bekam ich eine neue vor die Nase gestellt. Können Sie sich das vorstellen? Acht Stunden. Tag für Tag. Ich habe nachts von Zylinderböden geträumt und gedacht: „Carmen, was machst du hier? So eine stumpfsinnige Arbeit! Das hat doch keinen Sinn!" Natürlich hatte es sehr wohl einen Sinn, nicht nur bezüglich der generellen Sinnhaftigkeit kontrollierender Arbeiten, sondern auch für mich persönlich. Die Erfahrung, alle Bereiche eines Betriebes kennengelernt zu haben, erleichterte mir später den Einstieg in eine Führungsposition im Personalwesen. Ich war nicht bloß Theoretiker und Schreibtischtäter, ich konnte praktische Erfahrungen vorweisen. Es gelang mir zu überzeugen – mit Einfühlungsvermögen und einer realistischen Sichtweise auf Arbeitsabläufe. Steve Jobs belegte als junger Mann einmal einen Kalligrafie-Kurs, einen Kurs für Schönschrift. Für ihn war es damals reine Langeweile, und er wäre nicht im Traum darauf gekommen, dass genau dieser Kurs ihm in Zukunft einen Vorteil bieten könnte. Denn erst viel später, als der erste Apple-Computer auf den Markt kam, machte er sich bezahlt. Der Apple verfügte über wunderschöne Schriftarten und hob sich damit von den Konkurrenz-Modellen deutlich ab. „Connecting the dots" nannte Steve Jobs diesen Prozess. Es lohnt sich, einen Rückblick auf die eigenen Erfahrungen zu wagen und nützliche Verknüpfungen erkennen und konstruieren zu lernen.

Was habe ich als Kind gern gemacht?

Einen großen Hinweis auf unsere Stärken und Interessen liefert unsere Kindheit und Jugend. Überlegen Sie, welche Art von Mädchen oder Junge Sie eigentlich waren. Waren Sie mehr ein ruhiger und stiller Typ oder so ein Hansdampf in allen Gassen? Was und womit haben Sie am liebsten gespielt? Allein oder mit Freunden? Wobei haben Sie völlig die Zeit vergessen? Wie haben Sie sich in einer Gruppe verhalten? Waren Sie der Lustige und der Entertainer? Der Anführer und der Verantwortungsvolle? Oder mehr schüchtern und angepasst? Welche Poster hingen an Ihrer Wand im Kinderzimmer? Welche Bücher haben Sie gelesen? Welche Filme haben Sie geschaut? In welchen Fächern konnten Sie in der Schule glänzen? Was hatten oder haben Sie für Hobbys und Interessen? Was haben Eltern, Lehrer oder Freunde über Sie gesagt? Was fiel Ihnen leicht und wo hatten Sie Ihre Schwächen? Was hatten Sie für Träume? In welche Rollen sind Sie geschlüpft?

Ich lernte einen jungen BWL-Studenten im Coaching kennen, der sich wünschte, souveräner und selbstsicherer bei Präsentationen zu wirken. Er verspürte schon früh den Wunsch, seine Stärken weiter auszubauen und Betriebswirtschaft zu studieren. Er tat es nicht seinen Eltern zuliebe oder um eine von den meisten Menschen akzeptierte Richtung anzupeilen, vielmehr war seine ureigene Motivation pure Freude an wirtschaftlichen Zusammenhängen. Schon als Kind schwärmte er dafür, einen Porsche zu fahren und fand Männer in Anzügen beeindruckend. Als Jugendlicher versuchte er mit allen Ideen Geld zu verdienen, machte lukrative Geschäfte durch den Verkauf seiner CD-Sammlungen und gründete seine ersten kleinen Dienstleistungsunternehmen. So erledigte er unter anderem Botengänge für Rentner und Migranten, die mit der Organisation und Abwicklung ihrer Behördengänge überfordert waren. Sie sehen, der Wunsch, wirtschaftlich erfolgreich zu sein und viel Geld zu verdienen, wurde bereits in der Kindheit deutlich. Holen Sie sich die Bilder Ihrer Kindheit in den Kopf und prüfen Sie genau, welche Anhaltspunkte sie liefern, um Ihre wahre Identität erkennen zu können.

Wenn ich mich an meine eigene Kindheit erinnere, fällt mir auf, dass ich auf der einen Seite sehr schüchtern war und manchmal sogar ein Einzelgänger, und auf der anderen Seite zeigte ich mich als Zehnjährige schon stark und verantwortungsbewusst. Meine Mutter sagte oft zu mir: „Pass auf deinen Bruder auf!" Er ist zwei Jahre jünger als ich und wir haben häufig draußen gespielt. Ich lernte Verantwortung zu tragen. Ich war ein Beschützer. Ich war die Anführerin unserer Bande, war zuverlässig und habe die Führung übernommen. Meine tägliche Lieblingsbeschäftigung war das Fußballspielen. Ich war gut – ausdauernd und ständig im Flow. Meist war ich das einzige Mädchen in einer Horde Jungen. Beim Kinder-Fußball lassen sich klar und deutlich durch die verschiedenen Spielpositionen Rückschlüsse auf Persönlichkeitsanteile ziehen. Es gibt die „Unsichtbaren", die sich meist wenig bewegen und gelangweilt vor dem Tor stehen und hoffen, es passiert nicht so viel. Sie sind vom Typ häufig phlegmatisch und passiv, doch wenn sie sich ausreichend motiviert und betreut fühlen, dann strengen sie sich an. Sie sind anpassungsfähig und loyal. Und dann gibt es noch den „Sieger", der immer unmittelbar vor dem gegnerischen Tor steht. Kennen Sie den? Es ist ein Stürmer par excellence. Das Einzige, was ihn antreibt, ist, einen Treffer zu landen. Er will Tore schießen und als Held dastehen. Die restlichen Spieler sind ihm meist egal. Sein Antrieb ist der Sieg, um persönliche Anerkennung und Bewunderung zu erhaschen. Dynamisch und gewinnend. Zudem gibt es die Gruppe der „Arbeiter". Das sind die Fleißigen. Ohne die geht gar nichts. Sie laufen von einem Tor zum anderen, bieten sich ständig an, eilen zu Hilfe und lassen beim Trinken aus der gemeinschaftlichen Wasserflasche den anderen Kindern den Vorzug. Sie agieren weniger strategisch, haben jedoch viel Kraft und Disziplin.

Auch beim Fußball zeigte sich früh meine Grundmotivation. Ich spielte eine Art Libero, so etwas wie ein Spielführer. Mir war wichtig, die gesamte Mannschaft zum Sieg zu führen. Ich teilte meine Kräfte gut ein und behielt den Überblick. Ich verstand es, jeden Spieler einzubinden und hervorragende Pässe zu geben an Spieler, die frei standen und schussbereit waren. Mir war es nicht so wichtig, selbst das Tor zu erzielen, sondern die beste Möglichkeit für einen Sieg zu wählen. Auch hier habe ich wieder gestärkt, beschützt, geführt und motiviert. Meine Helden in meiner Kindheit waren Tarzan und Robin Hood und jeder Cowboy, der sich im Sinne der Gerechtigkeit für andere einsetzt und die Verantwortung übernimmt. Überlegen Sie doch einmal, wer Ihre Helden waren oder wen Sie heute noch bewundern. Gibt es eine Person, vor der Sie allerhöchsten Respekt haben? Haben Sie Vorbilder?

Eine schöne Übung, weitere Stärken zu entdecken, ist die sogenannte Vorbild-Übung. Sie trägt in Coaching-Kreisen unterschiedliche Namen und ich möchte Sie Ihnen hier einmal vorstellen:

Coach yourself: Die Vorbild-Übung
Ziel
Persönliche Stärken identifizieren
Vorbereitung
Ein Blatt Papier und ein Stift
Dauer
Ungefähr 20 Minuten, abhängig davon, wie lange Sie brauchen, um nachfolgende Fragen zu beantworten.
Ort
Hauptsache, Sie sind ungestört!
Sinn und Zweck der Übung
Jeder von uns empfindet Gefühle der Anerkennung und Bewunderung für einen anderen Menschen. Vielleicht klingen diese Worte in Ihren Ohren zu mächtig und Sie können keine Vorbilder in Ihrem Leben identifizieren. Dann schauen Sie doch einfach, wen Sie gut finden und wer Dinge getan hat, die Sie sich (noch) nicht zutrauen. Es spielt dabei überhaupt keine Rolle, ob Sie Ihre Tante bewundern, Angela Mer-

kel, den Papst, Dagobert Duck oder den Dalai Lama. Es können wahrhaftige Personen aus Ihrem Umfeld oder genauso gut Prominente aus Film und Fernsehen, Sport und Politik sein. Auch erfundene Figuren und Mythen sind erlaubt.

Los geht's

Schreiben Sie einfach auf, wer Sie begeistert oder wen Sie bewundern. Und dann stellen Sie sich bitte folgende Frage: Was genau gefällt mir an dieser Person und an ihrem Handeln? Überlegen Sie genau, welche Charaktereigenschaften Sie dieser Person zuschreiben. Notieren Sie sechs bis neun Merkmale, die Ihnen besonders imponieren. Sie schreiben beispielsweise: Sie ist mutig und hat ohne Rücksicht auf Bedenken ihr eigenes Geschäft aufgemacht. Er ist wortgewandt und versteht es, andere zu unterhalten. Sie ist zuverlässig und stark wie ein Fels in der Brandung. Er ist empathisch und kann gut mit Menschen umgehen.

Anschließend werfen Sie bitte einen intensiven Blick auf die notierten Eigenschaften und überlegen, was das alles mit Ihnen zu tun haben könnte. Sie werden feststellen, dass viele der notierten Kennzeichen auch auf Sie zutreffen. Die Eigenschaften und Verhaltensweisen, mit denen Sie sich noch nicht identifizieren können, werden Ihnen sicher erstrebenswert erscheinen. **Wir bewundern einen Menschen, weil seine Eigenschaften häufig in uns selbst angelegt sind. Es ist oft ein Hinweis auf unsere Potenziale und Ressourcen.**

Schreiben Sie abschließend die Übereinstimmungen auf Ihr EGO-Picture in das Fundament, zum Beispiel „Ich kann überzeugen und verkaufen". Die noch nicht zutreffenden Eigenschaften prüfen Sie und entscheiden, ob Sie diese gern weiterentwickeln möchten. Wenn eine Ressource angelegt ist, dann ist diese grundsätzlich entwicklungsfähig. Machen Sie ein attraktives Ziel daraus.

Es gibt verschiedene spielerische Abwandlungen der Vorbild-Variante, um ureigene Interessen zu entdecken und herauszufinden, wie man in Wirklichkeit tickt. Ein schönes Spiel oder besser gesagt eine Coaching-Übung ist *Das Abendessen*. Ich musste hier spontan das Wort Spiel verwenden, weil ich es schon einige Male in privater Runde ausprobiert habe, zuletzt an Weihnachten mit der gesamten Familie einschließlich 96-jähriger Oma. Sicher nicht ganz so intensiv, wie es als Coaching-Intervention zu nutzen ist, doch auf jeden Fall mit großer Freude. In der Übung werden Sie zur Gastgeberin und dürfen sieben Leute zum Abendessen einladen. Sie bestimmen, wer dabei sein darf und wer wo sitzt. Sie können selbstverständlich frei wählen. Es sollte sich dieses Mal um lebende oder einmal gelebt habende Persönlichkeiten handeln. Sie können mit Ihrem Nachbarn, der verstorbenen Ururoma, Albert Einstein, Brad Pitt oder Mutter Theresa am Tisch sitzen. Sie können einen Self-made-Millionär oder einen Nobelpreisträger einladen. Alles ist möglich. Dann schauen Sie sich Ihre Gäste genau an und schreiben einige Gründe für Ihre Auswahl auf. Es mit einer realen Gruppe zu probieren ist amüsant und aufschlussreich zugleich. Es entsteht sofort Interesse, es wird wild spekuliert und diskutiert. Selbst die Tischordnung und die Entscheidung, ob ein runder Tisch oder ein eckiger gewünscht wird, entfachen eine lebhafte Debatte.

Im Coaching wird eine Frage oft mit den Worten eingeleitet: „Stellen Sie sich bitte einmal vor! Was würden Sie dann tun? Wie würden Sie sich verhalten?"

Stellen Sie sich bitte einmal vor, Sie bleiben mit einer anderen Person für zehn Minuten im Aufzug stecken! Wer ist die Person und warum haben Sie diese ausgewählt? Oder Sie werden überraschend als millionster Besucher einer Internetseite identifiziert. Sie erhalten als Dankeschön und aus PR-Gründen zwei Millionen Euro und die einzige Bedingung dabei: Sie dürfen dieses Geschenk nur für eine Weiterbildung, eine Geschäftsidee oder eine Selbstständigkeit einsetzen. Was tun Sie?

Oft wird auch die Redewendung „Mal angenommen ...?" benutzt. Also: Mal angenommen, es gäbe eine Art Fantasie-Schule, die jedem Schüler die Möglichkeit bietet, alles zu studieren, was das Herz begehrt. Welche Fächer stehen dann bei Ihnen auf dem Stundenplan? Hier habe ich schon einiges gehört: Slow Food, Schauspiel, Gesang, Fotografie, Rhetorik, Patisserie, Unternehmertum, Quantenphysik, Schreibwerkstatt, Lebensmittelchemie, Astrologie, China,

Surfen, Pokern, Tapezieren, Russisch oder diplomatisches Verhandeln. Was fällt Ihnen hierzu ein? Um Ihren Stärken und Interessen auf die Spur zu kommen, stellen Sie sich dazu noch folgende Fragen: Was macht mir große Freude? Wobei kann ich die Zeit vergessen? Was kann ich besser als andere? Was sind meine größten Stärken? Welche Hobbys habe ich? Was würde ich tun, wenn ich nicht arbeiten müsste? Worauf bin ich stolz? Welche Erfolge habe ich erzielt? Welche Eigenschaften haben mir geholfen, Krisen zu meistern und Probleme zu lösen? Was sagen meine Freunde über mich? Wofür bin ich gelobt und anerkannt worden? Welche beruflichen Qualifikationen zeichnen mich aus?

Sie merken schon, hier steckt viel Arbeit drin. Doch ich verspreche Ihnen, es lohnt sich. Je mehr Fragen Sie sich stellen, desto besser ist es. Bedenken Sie, dass die rein sachliche Beantwortung der Frage keinen Sinn hat. In dem Moment, wo Sie sich eine Frage stellen, versucht Ihr Gehirn Antworten zu finden. Sie fangen an, sich zu erinnern, und suchen nach Situationen, in denen Sie Ihre Stärken eingesetzt haben. Sie brauchen Bilder im Kopf und Sie brauchen Referenzbeispiele, damit Sie Ihre Fähigkeit auch als herausragende Stärke akzeptieren können. Nur wenn Sie selbst davon hundertprozentig überzeugt sind, können Sie auch andere überzeugen.

Wenn Sie ein Bild oder ein Referenzbeispiel haben, können Sie wesentlich wortreicher, detaillierter und selbstsicherer auftreten. So schaffen Sie es, Ihrem Gegenüber ebenfalls ein Bild Ihrer Kompetenz und Ihrer Potenziale zu vermitteln.

Sie langweilen nicht nur sich selbst, sondern auch andere, wenn Sie Ihre Stärken so beschreiben: „Ich bin kommunikativ, zuverlässig und flexibel!" Das hört sich zwar grundsätzlich erst einmal gut an, doch damit heben Sie sich nicht im Geringsten von der breiten Masse ab. Auch potenzielle Arbeitgeber hören im Bewerbungsgespräch immer wieder ähnliche Floskeln. Eine sehr beliebte ist zum Beispiel: „Ich kann gut mit Menschen umgehen!" Doch was heißt das genau? Kann ich gut zuhören und andere trösten, wenn sie traurig sind? Bin ich eine Art „Feelgood-Manager" für meine geschätzten Arbeitskollegen? Oder meine ich mit Menschen auch Kunden? Kann ich einem Veganer ein Fleischwürstchen verkaufen? Was genau kann ich gut? Beraten, überzeugen, motivieren, analysieren, lehren, schauspielern, präsentieren? Und welche Beispiele fallen mir dazu ein, was genau gibt mir einen Hinweis darauf? Machen Sie es eine Spur konkreter. Aktivieren Sie die eigene Vorstellungskraft.

Lauren Frances, Amerikas Expertin in Sachen Liebe und Dating, schreibt als „Lovecoach" für ihre Klienten – und das sind nicht selten bekannte Köpfe aus Hollywood – ein sogenanntes „Love-Script". Nehmen wir an, eine Frau schildert ihre Interessen folgendermaßen: Reisen, Literatur, Rotwein.

Dann ist das ungefähr genauso spannend, als wenn unser Navi die nächste Straßenkreuzung bekannt gibt. Wie gefällt Ihnen diese Version: „Ich sitze in einem roten Kleid auf einem Platz in Nizza, nippe an meinem Bordeaux und lese die New York Times." Na, was denken Sie? Hört sich das nicht viel besser an? Haben Sie nicht auch ein Bild im Kopf?

Sammeln Sie positive Bilder und verankern Sie diese durch wiederholtes Erinnern.

Wenn Sie einen Menschen fragen: „Worauf bist du stolz?", kommt in der Regel erst einmal ein langes Schweigen. Und wenn er sich doch zu einer Antwort durchringen kann, ist es häufig nicht die Leistung, auf die er selbst stolz ist, sondern er ist stolz auf andere Menschen oder auf Dinge, für die er selbst nichts getan hat. „Ich bin stolz auf meine Kinder!" – „Ich bin stolz auf meinen Partner!" – „Ich bin stolz, Deutscher zu sein!" – „Ich bin stolz, schwul zu sein!"

Versuchen Sie mehr in Verben zu denken, dann passiert das mit den Bildern automatisch. Denken Sie mehr „ich tue" statt „ich bin". Mehr „ich kann" als „ich habe".

Ein Beispiel: „Ich habe einen Preis gewonnen." Besser: „Ich laufe auf die Bühne. Mein Herz schlägt mir bis zum Hals vor Freude. Die Menschen applaudieren. Ich kann ein paar gute Worte sagen." Ein weiteres Beispiel: „Ich bin zuverlässig." Besser: „Wenn du dich mit mir verabredest, dann bin ich auf die Minute pünktlich. Und wenn mich ein wirklich wichtiges und unvorhersehbares Ereignis davon abhalten sollte, werde ich dich vorher anrufen. Wenn ich nicht anrufe, liege ich im Krankenhaus oder bin tot."

Sie sehen, es sind die Bilder, die wichtig sind und Ihre Aussagen mit Leben füllen. Sie müssen sich sozusagen selbst beeinflussen, indem Sie einen Film in Ihrem Kopf abspielen. Wenn Sie das nicht tun, dann werden Sie einfach nicht glauben, was Sie gerade zu sich selbst gesagt haben.

Bleiben Sie sich treu

Kürzlich besuchte ich ein Juweliergeschäft auf der Düsseldorfer Königsallee und kam mit der mir bekannten Inhaberin ins Gespräch. Wegen Geschäftsumzug bot sie auf Uhren und Schmuck Preisnachlässe von bis zu 40 Prozent an. Auf meine Anmerkung hin, gehört zu haben, dass es sich hierbei häufig um „Scheinnachlässe" handele und die Ware bereits im Vorfeld als weniger hochwertig eingestuft werde, sagte sie: „Wie könnte ich dann noch mit einem guten Gefühl in den Spiegel schauen. Bei uns ist jedes einzelne Teil im Katalog mit seinem ursprünglichen Preis angegeben, und somit ist die Preisminderung für jeden deutlich erkennbar." Sie erzählte von ihrem Kontakt mit einem Marketing-Berater, der diese in seinen Augen clevere Verkaufsoffensive anregte. Ein Verhalten, das offensichtlich nicht in ihr Wertesystem passte und das sie als unethisch und unehrenhaft empfand.

Ich kenne die Problematik, wenn ein anderer Mensch gegen für uns wichtige Werte verstößt oder wir selbst unseren Werten untreu werden. Ich hatte eine solche Situation beispielsweise zu meiner Zeit als Inhaberin der Agentur „Der Nähkreis". Mein Ursprungsgedanke und die Hauptmotivation waren, homosexuelle Menschen dabei zu unterstützen, den für sie passenden Partner zu finden. Meine Tätigkeit hatte einen Sinn und passte zu meinen Werten. Immerhin war ich in Sachen Liebe unterwegs, und eine aufgeschlossene und liberale Haltung war für mich selbstverständlich. Homosexuelle Menschen haben es viel schwerer, einen Partner zu finden, und sind häufig unsicher, inwieweit ihr Interesse und ihre Annährungsversuche auf positive Resonanz stoßen. Nach einigen Jahren bemerkte ich allerdings, dass die lukrativsten Vermittlungen mit verheirateten Männern möglich waren. Es waren vorwiegend Geschäftsleute und Akademiker, die auf meine Unterstützung hofften und bereit waren, ein ordentliches Sümmchen auf den Tisch zu legen. Ich erinnere mich noch an die Worte, die meine Entscheidung, die Agentur aufzugeben, ins Rollen gebracht hatten. Mein Klient, ein Geschäftsführer, Mitte fünfzig, mit dem typischen konservativen Aussehen eines CDU-Politikers, saß mir bei einer Tasse Kaffee gegenüber. Er sagte mit leiser Stimme und einem verzweifelten Lächeln im Gesicht: „Frau Poller, heute – genau an diesem Tag – bin ich dreißig Jahre verheiratet. Mein Hochzeitstag. Und ich sitze hier bei Ihnen. Ist das nicht komisch?"

Ja, es war komisch! Und es passte weder in sein noch in mein Wertesystem. Er erzählte noch von seiner Frau, der Arbeit im Garten und seinem ersten Enkelkind.

Teilweise taten diese Männer mir sogar leid. Sie schienen ein Opfer ihres inneren Zwiespalts zu sein und litten unter der eigenen Unehrlichkeit und Mutlosigkeit. Doch mir war klar geworden, dass ich mich mit jeder Vermittlung wie eine stille Verbündete fühlte, die den Ehefrauen in den Rücken fällt. Schließlich waren diese gänzlich unwissend und hätten sicher nicht im Traum daran gedacht, wie getrieben ihre Männer durch ihr scheinbar anständiges Leben hechelten.

Ich machte einen klaren Schnitt. Denn ich fühlte mich nicht wohl bei der ganzen Sache. Der übergeordnete Sinn und die Werte, die ich in diese Tätigkeit gelegt hatte, fingen deutlich an zu wackeln. Die Stellungnahmen in meinem Umfeld waren sehr unterschiedlich. Einige Menschen tickten genau wie ich, andere lachten oder machten mir klar, dass ich keine Verantwortung für die Beziehung anderer Menschen tragen würde.

Ein weiterer Grund, eine klare Entscheidung zu treffen und die Agentur aufzugeben, war eine häufig unrealistische Erwartungshaltung meiner Klienten. Oft waren sie mit ihrem Leben schon sehr unzufrieden und fühlten sich als Opfer der Umstände. Viele hofften, dass der richtige Partner diesen Zustand ändern könnte. Sie sahen sich selbst nicht in der Verantwortung, sondern übertrugen diese auf mich oder einen potenziellen Kandidaten. Ich kann Menschen stärken und einen passenden Kontakt vermitteln, doch ich kann niemanden gegen seinen Willen in einen anderen verliebt machen.

Die Verantwortung für unser Glück liegt in unseren eigenen Händen. Mir war klar geworden, dass (Selbst-)Verantwortung, Ehrlichkeit und Loyalität für mich wichtige Werte darstellen.

Werte sind eine sehr individuelle Angelegenheit. Eine Wertvorstellung ist eine feste Überzeugung von einem guten Verhalten oder einer moralischen Eigenschaft. Es ist eine persönliche Qualität. Es sind Charaktereigenschaften. Es sind aber auch erstrebenswerte Zustände und Situationen, denen wir eine besondere Bedeutung beimessen. Es gibt Menschen, die gehen bildlich gesprochen durchs Feuer für ihre Werte. Sie sind bereit, für sie zu sterben – für Freiheit, für Demokratie, für Gerechtigkeit. Werte haben auch etwas mit festem Glauben zu tun. Oft sind sie uns anerzogen worden oder haben sich gegenteilig aufgrund der Erziehung entwickelt. Doch auch das Umfeld, die Mentalität, die Gesellschaft, Politik und Religion sind beeinflussend bei der Entstehung und Entscheidung für bestimmte Werte im Leben. Stellen Sie sich doch einfach mal drei Fragen:

1. Welche wichtigen Werte sollte ein Partner für mich mitbringen?
2. Für welche Werte bin ich bereit zu kämpfen?
3. Welche Werte will ich meinen Kindern weitergeben?

Finden Sie Ihre wichtigsten Werte heraus. Im Gespräch mit Klienten haben sich bei mir folgende als Spitzenreiter herauskristallisiert: Familie, Gesundheit, Freundschaft und Liebe, gefolgt von Zuverlässigkeit, Freude, Spaß, Unabhängigkeit und Toleranz. Um den eigenen Werten genauer auf die Spur zu kommen, hat sich folgende Methode bewährt.

Coach yourself: Der Werte-Stern
Ziel
Persönliche Werte identifizieren
Vorbereitung
Zwei Blatt Papier und drei Stifte (schwarz, rot, grün)
Dauer
ca. 30 bis 60 Minuten abhängig davon, wie viele Personen Sie aufschreiben
Ort
Hauptsache, Sie sind ungestört!
Sinn und Zweck der Übung
Welche Werte uns wichtig sind, erfahren wir meist in der Interaktion mit anderen Menschen. In der Kindheit und in unserem Elternhaus werden uns bestimmte Werte vorgelebt. Wenn wir uns positiv damit identifizieren können, übernehmen wir diese Werte gern. Es kann aber auch passieren, dass wir die Charaktereigenschaften und das Verhal-

ten einer uns nahe stehenden Person so stark ablehnen, dass wir genau ins Gegenteil schwenken.

Nehmen wir einmal an, Sie haben eine Mutter, die sich Ihrem Vater gegenüber eher schweigsam und angepasst verhalten hat. Selten hat sie ihre eigene Meinung vertreten und sich bei Konflikten zurückgehalten. Meist hat sie das gemacht, was von ihr erwartet wurde.

Wenn Sie jetzt einen positiven Wert für sich erkennen, würden Sie Ihre Mutter wahrscheinlich als bescheiden, ruhig und auf Harmonie ausgerichtet bezeichnen. Vielleicht sind Anpassung und Bescheidenheit für Sie wichtige Eigenschaften. Genauso gut könnten Sie aus der geschilderten Situation aber auch völlig andere Werte für sich persönlich ableiten. Weil Sie schon als Kind das unterwürfige Verhalten Ihrer Mutter nicht ertragen konnten, haben Sie folgende Schwerpunkte entwickelt: Laut und deutlich seine Meinung vertreten können. Den Ton angeben. Kommunikation auf Augenhöhe. Es könnten sich folgende Werte herausbilden: Mut, Selbstbestimmung und Gerechtigkeit. Sie sehen, es liegt in Ihrer Hand, wie Sie eine Situation bewerten.

Los geht's!

Nehmen Sie den schwarzen Stift zur Hand und starten Sie mit Ihrer Sternanalyse. Sie können natürlich auch ein individuelles Design (Mind-Map) wählen. Hauptsache: Alles Wichtige steht drauf. Schreiben Sie nun in die Mitte des Blatts Ihren Namen und kreisen diesen ein. Jetzt ziehen Sie eine erste Linie vom Kreis weg und schreiben den Namen einer Vertrauensperson aus Ihrer Kindheit und Jugend auf die Linie. Versuchen Sie sich zu erinnern, was Sie an dem Verhalten dieser Person gestört hat. Überlegen Sie sich genau, was Sie an dieser Person schätzen oder bewundern. Für jede Eigenschaft, die Ihnen einfällt, zeichnen Sie eine von der Hauptlinie abgehende Linie und schreiben die Eigenschaft auf. Die positiven und die negativen Merkmale. Anschließend markieren Sie die für Sie heute immer noch wichtigen wie folgt: Ein grünes JA steht für wertvoll. Ein rotes NEIN steht für Ablehnung und gleichzeitig für Veränderung.

Zeichnen Sie für jeden Menschen, der Sie in Ihrer Kindheit und Jugend prägend begleitet oder beeinflusst hat, eine solche Linie.
Für welche Werte Sie heute stehen, wird Ihnen deutlicher, wenn Sie nun auf einem separaten Blatt alle herausragenden Eigenschaften und Haltungen notieren. Die mit dem grünen JA gekennzeichneten können Sie einfach 1:1 übertragen. Das rote NEIN versuchen Sie in ein grünes JA zu verwandeln. Es ist eine Eigenschaft oder Verhaltensweise, die Sie nicht mögen. Überlegen Sie, was das Gegenteil davon ist beziehungsweise welchen positiven Impuls Sie daraus ziehen können. Welche für Sie heute wichtige Wertvorstellung steckt dahinter?

„Im Grunde genommen sind es doch die Verbindungen mit Menschen, die einem Leben seinen Wert geben."
(Wilhelm von Humboldt)

Wie ein Eichhörnchen im Winter

Nun haben Sie sich ein dichtes Wurzelwerk geschaffen und machen sich auf zu Ihren Zielen. Der Weg ist immer im Hier und Jetzt. Und damit Sie gut gerüstet sind, legen Sie sich einige Ressourcen an, die Sie auch dann, wenn es einmal nicht so gut läuft, begleiten und bei der Zielerreichung unterstützen. Sie wissen ja, das Leben bietet manchmal die eine oder andere auch unangenehme Überraschung. Je kraftvoller Sie aufgestellt sind, desto besser kommen Sie auch durch schwierige Situationen und stehen leichtfüßiger wieder auf, wenn Sie hingefallen sind. Mit der richtigen Power im Gepäck werden Sie so auch den härtesten Winter überstehen.

Auf dem Weg dorthin ist es sinnvoll, sich zu stärken und sich mit Menschen und Dingen zu umgeben, die Sie wachsen lassen. Überlegen Sie deswegen in Ruhe, welche Menschen Sie positiv begleiten, welche Dinge Ihnen Kraft geben, welche schönen Erinnerungen Sie verankert haben und wofür Sie dankbar im Leben sind. Stressforscher haben entdeckt, dass positive Gefühle unser Herz ruhig und gleichmäßig schlagen lassen. Ein paar guttuende Worte, eine herzliche Umarmung oder ein ehrlich gemeintes Lob begünstigen ein harmonisches Körpergefühl. Wenn Sie also positive Emotionen erleben, unabhängig davon, ob es tatsächlich passiert oder nur in Ihren Gedanken und Erinnerungen, steigern Sie Ihr Wohlbefinden. Negative Emotionen bewirken natürlich genau das Gegenteil, deswegen ist es auch viel gesünder, positiv zu denken. Am besten schreiben Sie alles auf – Erinnerungen, die Ihnen Kraft geben, und Dinge, für die Sie dankbar sind. Schauen Sie dabei nicht nur auf die großen Sachen: „Ich bin dankbar dafür, am Leben zu sein" oder „Ich bin für meine Gesundheit dankbar", sondern beachten Sie auch Alltäglichkeiten liebevoll. „Ich bin dankbar dafür, dass mein Sohn heute ohne Aufforderung mein Fahrrad repariert hat" oder „Ich bin dankbar für das gute und aufbauende Gespräch mit meinem Kollegen". Es reicht aus, wenn Sie lediglich Stichworte notieren, die in Ihnen einen Erinnerungsimpuls auslösen. Viel wichtiger ist es, solche Erinnerungen in freundlichen, hellen und großen Bildern zu denken. Empfinden Sie diese intensiv mit allen Körpersinnen.

Wer oder was tut mir gut?

Kennen Sie die Parabel vom Frosch im heißen Wasser?

Setzt man einen Frosch in einen Kochtopf mit heißem Wasser, dann wird der Frosch alles unternehmen, um sich vor der Hitze und dem Tod zu retten. Wenn man den Frosch allerdings in einen Topf mit kaltem Wasser setzt, dann bleibt er selbst dann hocken, wenn die Temperatur stetig erhöht wird. Er bemerkt den Temperaturanstieg nicht. Erst wenn das Wasser ganz heiß ist und der Siedepunkt schon fast erreicht, erkennt der Frosch seine missliche Lage. Er versucht zu entkommen. Leider ist es dann zu spät und er schafft es nicht mehr.

So kann es im übertragenen Sinne uns Menschen ergehen. Vielleicht kennen Sie das auch: Sie wissen ganz genau, dass etwas in Ihrem Leben nicht stimmt. Sie fühlen sich unwohl. Sie machen sich viele Gedanken. Sie haben schlechte Gefühle. Vielleicht sind Sie sogar überlastet und der Körper schlägt schon Alarm. Doch diese negativen Gefühle drücken Sie einfach weg. Sie merken gar nicht, dass Ihr Stresslevel immer weiter ansteigt und Ihr Wohlfühlfaktor kontinuierlich sinkt. Wenn Sie ein Unwohlsein fühlen oder krank sind, dann gehen Sie zum Arzt und nehmen anschließend Medikamente. Und so machen Sie immer weiter, bis Ihr Körper schließlich streikt und Ihnen eine eindeutige Botschaft schickt.

Kennen Sie diese Gedanken und Selbstgespräche, in denen klar wird, dass sich in unserem unmittelbaren Umfeld ein Energieräuber aufhält? „Das Ganze macht mich krank!" – „Diese Firma macht mich krank!" – „Diese Frau macht mich krank!" – „Dieser Mann macht mich krank!" Natürlich machen Menschen uns nicht krank, das erledigen wir schon von ganz allein. Es ist die persönliche Wahrnehmung, das eigene Empfinden und Bewerten, das uns zu schaffen macht. Wir können jedoch sagen, dass es Menschen gibt, die uns guttun, und andere, die uns schaden.

Eine Klientin sagte einmal zum Ende ihrer Ehe: „Ich konnte meinen Mann einfach nicht mehr ertragen! Wenn ich ihn nur gesehen habe, seine Art zu essen, Kaugummi zu kauen oder sich die Nase zu putzen, dann habe ich körperliche Beschwerden bekommen." Wir haben das Gefühl, andere Menschen können Einfluss auf unsere Emotionen und unsere Körperzustände nehmen. Das ist natürlich ein rein subjektives Empfinden. Es gibt Menschen, die uns aufbauen, und andere, die uns runterziehen. Es gibt Förderer und Bremser. Es gibt Energieräuber und Kraftquellen. Es gibt toxische Beziehungen, die unser Energieniveau rapide absinken lassen und uns in eine Depression oder den Burn-out treiben.

Der Autor Josef Kirschner schreibt in seinem Klassiker *Die Kunst, ein Egoist zu sein* von unserem Recht auf Glück und Selbstentfaltung. „Die schöne glückliche Welt bleibt für uns bloß ein Traum, wenn wir nicht beständig darum kämpfen. Viele Menschen sind bereit, für andere alles einzusetzen. Ihre ganze Energie, ihre Fantasie, ihre Gesundheit. Sie bringen vielerlei Opfer. Nicht nur körperlich, sondern auch, indem sie alles verleugnen, was ihnen am Herzen liegt." Machen Sie es anders!

Stellen Sie sich Folgendes vor: Wir tauchen in das Leben ein. Jeden Tag aufs Neue. Jeder von uns ist mit seiner eigenen Ausrüstung an den Start gegangen. Jeder verfügt über eine von persönlichen Voraussetzungen abhängige Energiemenge. Nehmen wir das Bild einer Sauerstoffflasche, die bei dem einen zu 100 Prozent und bei einem anderen vielleicht nur zu 80 Prozent gefüllt ist. Jetzt begegnen wir auf unserem Weg unterschiedlichen Menschen. Einige, die uns guttun und die uns weniger guttun. Bei manchen passiert überhaupt nichts. Andere zapfen unsere wertvolle Energie an und bedienen sich täglich. Einige saugen uns förmlich aus. Und die Energie wandert von einer Flasche zur anderen. Einer verliert, ein anderer gewinnt dazu.

Wenn Sie so einen Parasiten in der Nähe haben, dann sehen Sie zu, wie Sie ihn wieder loswerden. Oder passen Sie besser auf Ihre Energie auf. Lassen Sie ihn nicht so nah an sich heran. Grenzen Sie sich ab. Sagen Sie „Nein". Wenn Sie dauerhaft mit einem niedrigen Energiewert unterwegs sind, dann wundern Sie sich nicht, wenn Sie irgendwann krank werden.

Coach yourself: Die Energieflasche
Ziel
Energiefresser und Energieschenker identifizieren
Vorbereitung
Ein großes Blatt Papier, zwei verschiedenfarbige Stifte
Dauer
ca. 20 Minuten, abhängig von der Anzahl der nahe stehenden Menschen (Partner, Freunde, Familie, Arbeitskollegen)
Ort
Hauptsache, Sie sind ungestört!
Sinn und Zweck der Übung
Bei dieser Übung erkennen Sie genau, wer Ihnen Kraft gibt und Ihre Ziele unterstützen wird. Durch die bildliche Darstellung sehen Sie auf Anhieb, welche Energieräuber Ihnen viel zu nah sind und Ihrer persönlichen Entwicklung im Weg stehen. Die ersten Denkansätze formen sich bereits aus Ihrer Entscheidung, wen Sie überhaupt auf das Blatt schreiben und wie nah diese Person Ihnen steht. Sie werden die Anstrengenden, die Egoisten, die Schwarzmaler und die Hemmschuhe aufspüren. Sie werden bemerken, dass Ihr Selbstbewusstsein und Ihr Selbstvertrauen in Abhängigkeit zu den verschiedenen Personen stehen.
Los geht's!
Malen Sie in die Mitte des Blattes eine Flasche (gerade Form, ähnlich einer Säule) und schreiben Sie bitte Ihren Namen darunter. Nun markieren Sie farblich Ihren individuellen Energiestatus, indem Sie eine entsprechende Fläche ausmalen. Wenn Sie mit 100 Prozent Energie unterwegs sind, dann malen Sie die gesamte Fläche aus. Glauben Sie

hingegen, Sie sind nur mit 50 Prozent Treibstoff aktiv, malen Sie entsprechend die Hälfte der Flasche aus.

Jetzt schreiben Sie die Namen Ihrer Vertrauenspersonen und engsten Kontakte auf, indem Sie diese mit entsprechendem Abstand zu Ihnen platzieren. Denken Sie genau nach, wer in Ihrer Nähe steht und wer weiter von Ihnen entfernt ist. Anschließend malen Sie über jeden Namen eine Energieflasche und markieren den Energiestatus, den Sie haben, wenn Sie mit dieser Person zusammen sind.

Das heißt, wenn es keine weiteren Auswirkungen gibt, dann sieht die Flasche genauso aus wie Ihre. Haben Sie es allerdings mit einem Energiesauger zu tun, malen Sie vielleicht nur noch 40 Prozent der Fläche aus. Sie entscheiden, ob Sie sich nach einem Kontakt kleiner oder größer fühlen, besser oder schlechter.

Zusätzlich können Sie natürlich auch Dinge oder Situationen aufschreiben, die Einfluss auf Ihr Wohlbefinden haben. Ein Beispiel dazu: Eine Klientin klagt über ihren Job und die ungeliebte Arbeit an Schulen. Allein das Betreten eines Schulgebäudes löst bei ihr negative Erinnerungen aus der eigenen Schulzeit aus. Oder: Ein Klient fühlt sich unwohl in seiner Wohnung. Der Blick aus dem Schlafzimmerfenster fällt direkt auf den nahe gelegenen Friedhof. Dieser Ort ist für ihn mit Schmerz und Traurigkeit verbunden.

Bitte betrachten Sie anschließend Ihre Aufzeichnungen mit einem nüchternen Blick. Bestenfalls verbringen Sie mehr Zeit mit Menschen, die Ihnen guttun, als mit Menschen, die Sie eher in einen Stresszustand versetzen. Wenn Sie die Energieräuber aus Ihrem nahen Umfeld fernhalten können, dann tun Sie das. Sollte diese Möglichkeit nicht bestehen, weil Sie in einer Abhängigkeit oder Verantwortung zu dieser Person stehen, dann machen Sie sich den negativen Einfluss bewusst, grenzen Sie sich situativ ab und schützen Sie sich.

Ein Kind benötigt Energie für seine Entwicklung und zapft Sie an, das ist ein natürlicher Vorgang. Wenn Sie sich jedoch überfordert und ausgenutzt fühlen, dann lernen Sie „Nein" zu sagen und lehren den Nachwuchs, Herausforderungen selbstverantwortlich zu meistern.

Nehmen wir an, Sie sind im Urlaub und genießen es, gemütlich auf der Sonnenliege ein gutes Buch zu lesen. Ihre zwölfjährige Tochter versucht hartnäckig, Sie zum Toben im Wasser und zum Ballspielen zu motivieren. Sie haben jedoch keine Lust und würden lieber entspannen. Außerdem möchten Sie in diesem Urlaub nicht ständig den Animateur und Entertainer Ihrer Tochter spielen. Selbst wenn Sie der Sache auch mal zustimmen sollten, sagen Sie in der Hauptsache konsequent „Nein", wenn Ihnen Ihr Gefühl und Ihr Körper ein „Nein" schicken. Ermutigen Sie Ihre Tochter, Kontakte mit anderen Jugendlichen herzustellen. Sie wird lernen, dass sie für ihren Spaß und ihre Freizeit selbst verantwortlich ist. Sie wird kreativ werden und einen ersten Versuch wagen. Und Sie haben Ihre Ruhe!

Menschen, die ihre Stärken kennen und sich ihrer Fähigkeiten bewusst sind, strahlen automatisch Souveränität und Selbstsicherheit aus. Zumindest dann, wenn sie diese auch im Job und im Privaten einsetzen können. Jede Tätigkeit, die wir mit Freude machen und die uns in Selbstvergessenheit geraten lässt, löst bei uns einen Flow-Zustand aus. Flow bedeutet „Fließen", „Strömen" und heißt nichts anderes, als dass uns ein schönes Gefühl durchströmt und wir in eine Art „Schaffensrausch" fallen.

Ein Flow ist mitverantwortlich für die Entstehung eines Glücksgefühls. Menschen, die ihre Arbeit lustlos erledigen, frustriert und ziellos sind, haben entweder den falschen Job oder eine falsche Einstellung. Stärken Sie Ihre Stärken, indem Sie Ihr Wissen erweitern und Ihr Können perfektionieren. Machen Sie sich täglich Ihre Stärken bewusst und denken Sie konkret an Situationen, bei denen Sie diese einsetzen konnten.

Wie gehe ich mit meinen Schwächen um?

Ich will mich an dem Punkt Schwächen gar nicht lange aufhalten. Meist wissen die Menschen ganz genau, was sie alles nicht so gut können oder was sie an sich selbst unattraktiv finden. Auf gar keinen Fall gehören die Schwächen auf Ihr EGO-Picture, höchstens in Form einer Zieldefinition.

Es gibt zwei Möglichkeiten, mit Schwächen umzugehen. Handelt es sich um eine Schwäche, die uns nicht weiter stört, aber auch nicht weiterbringt, dann organisieren wir diese. Nehmen wir einfach mal an, Sie können überhaupt nicht kochen. Sie sind bezüglich jeglicher Nahrungszubereitung völlig talentlos. Und Sie brauchen es auch nicht, weder für Ihre Karriere noch für Ihre Lebensfreude. Sie werden wahrscheinlich niemals ein „Grand Chef de Haute Cuisine" sein, wollen es aber auch nicht. Also verpulvern Sie nicht unnötig Energie, die sinnvoller in Ihre Talente und Stärken investiert ist. Organisieren Sie Ihre Schwäche, indem Sie lediglich wenige notwendige Handgriffe lernen, im Restaurant essen und sich öfter bekochen lassen.

Sollten Sie jedoch einen Schwachpunkt erkennen, der Sie ernsthaft belastet oder behindert, dann werfen Sie einen intensiven Blick darauf und überlegen, wie sich dieser verändern lässt. Zu einem positiven Selbstbild gehört auch das Bild, das wir gern von uns hätten. Verfallen Sie nicht in unrealistische Vorstellungen und Träumereien. Wenn Sie 1,80 Meter groß sind, breite Schultern haben und ein burschikoser Typ sind, wird aus Ihnen keine Marilyn Monroe werden. Wenn Sie jedoch Ihren Bauch als zu dick empfinden, dann können Sie das ändern. Wenn Ihre Schwäche ist, dass Sie keine Disziplin haben, dann können Sie das ebenfalls ändern. Wenn Sie es als Schwäche empfinden, kein gutes Englisch zu sprechen, dann belegen Sie einen Kurs, hören Sie englischsprachige Nachrichten und schauen Sie sich die neuesten Hollywoodfilme in der Originalversion an.

Verwandeln Sie also Ihre Schwäche oder Ihr Problem in ein für Sie attraktives Ziel und schreiben Sie es in den Himmel Ihres EGO-Pictures. Es geht nicht darum, die Schwächen unter den Teppich zu kehren. Sobald wir uns mit einer Schwäche intensiv auseinandergesetzt haben, treffen wir eine Entscheidung. Akzeptiere ich diese und lebe mit ihr, indem ich sie sinnvoll manage, oder

stört mich dieser Schwachpunkt so sehr, dass ich an dieser Schwäche arbeiten möchte und ein für mich erstrebenswertes Ziel daraus mache?

Was sind meine Ziele im Leben?

Über „Ziele" kann man lange und ausführlich diskutieren. Für
einige ist ein Wunsch schon ein Ziel und für andere ist ein Ziel
schon eine Vision. Viele kennen ihre Ziele überhaupt nicht. Jungen
Menschen fällt oft gar nichts ein auf die Frage: „Welche wichtigen
Ziele hast du im Leben?" Sie überlegen dann kurz, mit dem Blick
nach unten gerichtet, und formulieren folgende Antwort, die sie
von der Betonung wie eine Frage stellen. „Ausbildung schaffen?!" – „Studium zu Ende machen?!" Es schwingt so ein bisschen
der Tenor mit, dass eigentlich klar ist, was es zu schaffen gilt.
    Doch ein Ziel darf nicht mit einer Verpflichtung oder Notwen-
digkeit verwechselt werden. Die Ziele, die Sie aufschreiben und in
Ihrem positiven Selbstbild tragen, haben einen ziehenden Effekt.
Wenn ein Ziel frei und selbstbewusst gewählt ist, dann macht es
Freude, darauf loszumarschieren und es erreichen zu wollen. Der
Weg zum Ziel kann natürlich auch holperig und anstrengend sein,
doch mit der nötigen Disziplin, Willenskraft und Fleiß können Sie
erreichen, was Sie sich vorgenommen haben. Ergeben sich auf
dem Weg kleine Unebenheiten und unvorhersehbare Zwischen-
fälle, dann lohnt es sich, das Ruder noch mal rumzureißen und ein
verändertes oder neues Ziel ins Visier zu nehmen.

*„Wenn ein Kapitän nicht weiß, welches Ufer er ansteuern soll,
dann ist kein Wind der richtige."* (Seneca)

Bevor Sie damit starten, Ziele zu finden und zu definieren, habe
ich noch eine Bitte an Sie: Beantworten Sie sich ehrlich folgende
Fragen: Wie geht es mir? Fühle ich mich wohl in meinem Körper?
Fühle ich mich wohl in meiner Partnerschaft? Fühle ich mich wohl
in meinem Job?
    Finden Sie Ihren aktuellen Status quo und entscheiden Sie, ob
Sie es vorziehen, alles so zu lassen, wie es ist, oder ob Sie bevorzugen, etwas zu verändern. **Aus einem Veränderungswunsch entsteht ein Ziel.** Probieren Sie doch einfach mal das EGO-Rad aus,

das ich auf den folgenden Seiten erkläre, und wenn Sie die einzelnen Fragen beantworten, versuchen Sie diese aus zwei verschiedenen Blickwinkeln zu betrachten: Einen Blick ins Innere und einen Blick von außen auf die Situation. Als wären Sie selbst unbeteiligt und würden einen Film oder ein Theaterstück schauen.

Angenommen, Sie stellen sich folgende Frage: „Fühle ich mich fit und gesund?"

Blick ins Innere:

Wie fühle ich mich jetzt gerade? Bin ich müde? Bin ich entspannt? Kann ich gut atmen? Tut mir etwas weh? Wandern Sie in Gedanken zu jedem einzelnen Körperteil, von unten bis oben.

Blick von außen:

Lassen Sie einen Film vor Ihrem geistigen Auge spielen und betrachten Sie sich aus der Entfernung: Wie sind Sie heute Morgen aufgestanden? Wie war der Hundespaziergang? Wie sind Sie die Treppe hochgegangen? Wie war das Gespräch beim Arzt? Wenn Ihnen etwas Bemerkenswertes auffällt, schreiben Sie es auf.

Coach yourself: Das EGO-Rad

Feld 1:
Psyche

Feld 2:
Körper

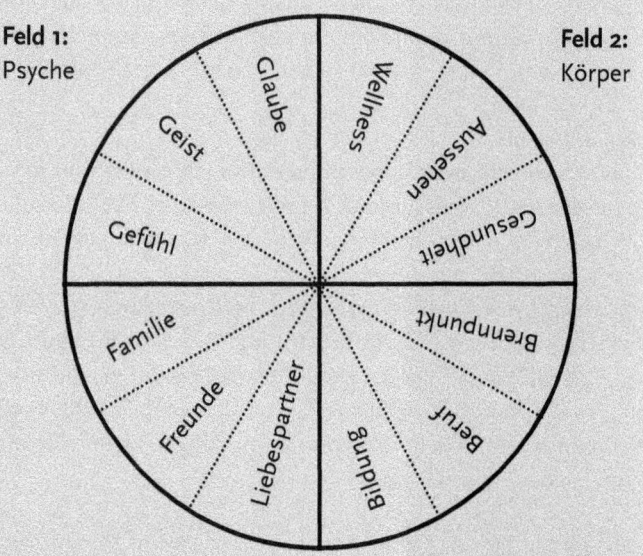

Feld 3:
Beziehungen

Feld 4:
Selbstver-
wirklichung

Ziel
Ihren Ist-Zustand in verschiedenen Lebensbereichen zu erfassen

Vorbereitung
Sie brauchen ein größeres Blatt Papier und einen Stift (oder mehrere verschiedenfarbige Stifte, wenn Sie die einzelnen Bereiche farblich unterscheiden wollen).

Dauer
20 bis 60 Minuten, je nach Selbstreflexionsfähigkeit

Ort: Hauptsache, Sie sind ungestört! Am besten wäre ein ruhiges Zimmer mit einem Tisch.

Sinn und Zweck der Übung
Jede Transformation setzt eine Art Selbstanalyse voraus. Das heißt konkret, dass Sie zunächst einmal in der Lage

sein müssen, Ihren momentanen Befindlichkeitszustand in Bezug auf verschiedene Aspekte einzuschätzen und zu bewerten.

Eine gute Übung dafür ist das EGO-Rad: Es ist eine leicht veränderte Form des sogenannten Lebensrads, einer Technik aus dem systemischen Coaching, die der persönlichen Standortbestimmung dient. Es bietet die Möglichkeit, Probleme und Störungen in visueller Form wahrzunehmen.

Ziel ist es, Fakten auszusprechen, Probleme anzusprechen, selbst dann, wenn es sich nicht so gut anfühlt. Ganz egoistisch, einfach so, wie Sie die Lage wirklich empfinden. Machen Sie sich frei davon, schon bei der Beurteilung an andere zu denken oder ein schlechtes Gewissen zu haben, weil Sie sich selbst beispielsweise für undankbar halten. Schauen Sie von außen auf sich und Ihr Leben und beurteilen Sie die einzelnen Bereiche ehrlich und ohne jede Scham oder Zurückhaltung.

Wo stehen Sie gerade in Ihrem Leben? Wie glücklich sind Sie mit Ihrem Ego?

Los geht's!

Malen Sie einen großen Kreis auf Ihr Blatt und teilen diesen in vier gleiche Teile. Die einzelnen Viertel nennen Sie Psyche, Körper, Beziehungen und Selbstverwirklichung. Teilen Sie jeden Quadranten in drei gleiche Teile, so ähnlich wie Tortenstücke, und beschriften Sie diese wie folgt:

Feld 1: Psyche (Glaube, Geist, Gefühl)

Feld 2: Körper (Gesundheit, Aussehen, Wellness)

Feld 3: Beziehungen (Familie, Freunde, Liebespartner)

Feld 4: Selbstverwirklichung (Bildung, Beruf, Brennpunkt)

Stellen Sie sich zu jedem Tortenstück die Frage, wie zufrieden und glücklich Sie im Augenblick mit dieser Situation sind. Drücken Sie Ihr Befinden durch eine Prozentzahl in Form einer gemalten Fläche aus. Sie brauchen hierbei keine mathematische Meisterleistung zu vollbringen. Es geht lediglich darum, hinterher genau sehen zu können, an welchen Stellen Ihrem Ego ein Push-up und Ihrem Leben ein Fresh-up guttun würden.

Folgende Antwortmöglichkeiten könnten hier in Frage kommen, die natürlich jede Menge Abstufungen zulassen:

- **Alles super, besser geht es gar nicht, hier will ich keine Veränderung:** Malen Sie diesen Teilbereich vollständig aus (100 Prozent)
- **Mittelmäßig zufrieden:** Malen Sie diesen Teilbereich zur Hälfte aus (50 Prozent)
- **Vollkommen unglücklich: Hier möchte ich eine Veränderung:** Lassen Sie diesen Teilbereich weiß

Tipps + Tricks

Hier lesen Sie einige Fragen, die Sie sich zu den einzelnen Tortenstücken stellen können:

Psyche (Feld 1)

Glaube: Wie wichtig ist mir Spiritualität? Welche Werte habe ich? Was für eine moralische Einstellung habe ich? Lebe ich meinen Wertvorstellungen entsprechend? Gibt mir mein Glaube Halt? Finde ich Geborgenheit und Schutz in meinem Wertesystem?

Geist: Habe ich positive oder negative Gedanken? Was denke ich über mich selbst? Was denke ich über andere? Was denke ich von der Welt? Inwieweit kann ich meine Gedanken beeinflussen? Denke ich viel nach? Zerbreche ich mir den Kopf? Bin ich kreativ? Habe ich Fantasie?

Gefühle: Empfinde ich Ausgeglichenheit? Habe ich meinen Seelenfrieden gemacht? Habe ich Wut im Bauch? Begleiten mich Angstgefühle? Fühle ich mich geliebt? Habe ich ein gutes Gefühl in meiner Brust, in meinem Herzen? Liebe ich mich selbst? Bin ich oft traurig? Mache ich mir Vorwürfe?

Körper (Feld 2)

Gesundheit: Fühle ich mich wohl in meinem Körper? Habe ich eine chronische Erkrankung? Habe ich ein schwaches Immunsystem? Bin ich oft erkältet? Schlafe ich schlecht? Tut mir öfter etwas weh? Habe ich ausreichend Energie?

Aussehen: Wie wichtig ist mir mein Äußeres? Für wie attraktiv halte ich mich? Wie wichtig ist mir, was andere über mein Aussehen denken? Was gefällt mir an meinem Gesicht? Wie finde ich meine Figur? Wie beurteile ich meinen Kleidungsstil? Mein Styling? Meine Mimik, meine Gestik, meine Körperhaltung, meine Außenwirkung?

Wellness: Mache ich Sport? Bewege ich mich ausreichend? Bin ich häufig an der frischen Luft? Ernähre ich mich gesund? Trinke ich ausreichend? Finde ich Möglichkeiten der Entspannung? Wie ist mein körperliches Wohlbefinden?

Beziehungen (Feld 3)

Familie: Ist mir Familie wichtig? Wer gehört dazu? Habe ich einen familiären Verlust erlitten? Möchte ich Familie haben? Wie wertvoll sind die einzelnen Beziehungen? Kann ich so sein, wie ich bin? Tun meine Angehörigen mir gut und unterstützen mich? Kann ich auf sie zählen? Fördern sie mich? Freue ich mich, sie zu sehen?

Freunde: Habe ich Freunde? Sind es „echte" Freunde? Was macht für mich Freundschaft aus? Wie würde ich gern meine Zeit mit Freunden verbringen? Haben wir regelmäßig Kontakt? Will ich diese Freunde am Ende meines Lebens immer noch haben?

Liebespartner: Habe ich einen Liebespartner? Hätte ich gern einen Lebenspartner? Wie glücklich bin ich mit meiner momentanen Situation? Erfüllt dieser Mensch meine Vorstellungen von Liebe, Sex und Partnerschaft?

Selbstverwirklichung (Feld 4)

Beruf: Habe ich einen Beruf? Habe ich einen Beruf, der meine Berufung ist? Stehe ich morgens gern für meine Arbeit auf? Fühle ich mich am Arbeitsplatz wohl? Verdiene ich ausreichend Geld? Fühle ich mich angemessen gefordert und gefördert? Bekomme ich Anerkennung? Habe ich Freude an meinem Beruf? Alternativ: Gefällt mir die Schule oder das Studium? Bin ich auf dem richtigen Weg?

Bildung: Lerne ich genug? Lerne ich gern? Lerne ich schnell? Lese ich Bücher, deren Inhalt mich interessiert? Besuche ich Fortbildungen oder Seminare? Lerne ich Sprachen? Reise ich viel? Bin ich neugierig und interessiert? Entwickele ich mich weiter? Lese ich Zeitung? Tausche ich mich mit anderen Menschen aus?

Brennpunkt: Welche Interessen habe ich? Welche Leidenschaften? Gibt es eine Sache, für die ich brenne? Bei welcher Tätigkeit komme ich in einen Flow? Ist mir das überhaupt wichtig? Womit verbringe ich meine Freizeit? Welche Hobbys habe ich? Wofür engagiere ich mich?

Was ist mein wichtigster Lebensinhalt? Was ist meine Aufgabe auf dieser Welt? Warum bin ich da?
... und jetzt?!
Betrachten Sie Ihre Torte. Sie werden bemerken, dass manches Tortenstück Sie völlig kalt lässt, während Sie mit dem Ergebnis eines anderen Feldes nicht zufrieden sind. Die Tortenstücke, die annähernd vollständig ausgemalt sind, werden Sie höchstwahrscheinlich nicht weiter erstaunen. Vielleicht freuen Sie sich über ein gutes und zufriedenes Gefühl. Doch was ist mit den wenig gefüllten Bereichen oder gar mit den Feldern, die ganz weiß geblieben sind? Ist dieses Ergebnis in Ordnung für Sie? Oder spüren Sie tief in Ihrem Inneren, dass sich hier dringend etwas ändern muss? Sehen Sie das Problem? Haben Sie einen Veränderungswunsch?

„Ein Problem ist nichts weiter als ein auf dem Kopf stehendes Ziel." (Joseph O'Connor und John Seymour)

Doch machen Sie sich zuallererst bewusst, dass Sie die Wahl haben: Sie können die fast vollständig ausgemalten Tortenstücke ins Auge fassen oder aber Ihren Blick auf die zerfransten und wenig ausgefüllten Tortenstücke richten. Dieses Prinzip wird Ihnen immer wieder im Leben begegnen.
Wenn Sie zehn Rechenaufgaben mit entsprechender Lösung vor sich sehen, dann wird Ihnen auffallen, bei welcher Aufgabe die Lösung falsch ist. Und Sie werden denken: „Eine ist falsch." Wahrscheinlich sagen Sie nicht: „Oh, neun sind richtig." Wir haben die Angewohnheit, gern auf das zu blicken, was nicht so gut ist. Unsere Fehler, Einschränkungen und Defizite sind uns viel schneller bewusst als das Positive und Erfolgreiche. Nehmen Sie sich daher ausreichend Zeit, auf Ihre dicken Tortenstücke zu schauen, genießen Sie einen Moment lang dieses satte und glückliche Gefühl, und seien Sie dankbar für das, was Sie an sich schätzen und was in Ihrem Leben richtig rund läuft. Machen Sie das bitte immer wieder, auch dann, wenn Sie nur ein einziges Tortenstück haben, mit dem Sie zufrieden sind. Wie es jetzt weitergeht, liegt in Ihrer Hand: Sie entscheiden, wie

wichtig Ihnen die 100 Prozent sind. Sie entscheiden, wie viel Mut und Power nötig sind, um mehr zu bekommen, als Sie im Moment haben. Und Sie entscheiden, ob Sie den Hintern hochkriegen, um Ihr Ziel zu erreichen.

Aus Wünschen Ziele machen

Schreiben Sie jetzt alle Veränderungswünsche, die sich aus der Arbeit mit dem EGO-Rad ergeben haben, auf ein Blatt Papier und ergänzen diese durch weitere Hoffnungen, Wünsche und Träume. Schreiben Sie alles auf, was Ihnen gerade in den Sinn kommt. Unabhängig davon, wie verrückt oder unrealistisch Ihre Gedanken sind. Und ich meine das genau so: Schreiben Sie Ihre Wünsche auf. Denken Sie nicht bereits im Vorfeld, dass Ihr Wunsch kindisch, abgehoben, unwirklich oder unverschämt ist. Lassen Sie Ihre Wünsche aus Ihrem Inneren herausspringen, lassen Sie diese völlig wertfrei stehen. Überlegen Sie: Wie wären Sie gern? Was wünschen Sie sich für die Zukunft? Was nervt Sie und was würden Sie am liebsten von heute auf morgen loswerden? Was fehlt Ihnen, um ein wirklich erfülltes Leben zu führen? Was würden Sie gern noch tun, bevor Sie das Zeitliche segnen? Was würden Sie tun, wenn Sie ein paar Millionen auf dem Konto hätten? Welche Herausforderungen würden Sie annehmen, wenn Sie wüssten, dass Sie auf keinen Fall versagen werden?

Um das eigene Lebensziel zu finden, dem eigenen Leben einen tieferen Sinn zu geben, können Sie sich auch vorstellen, Sie wären eine alte, weißhaarige neunzigjährige Frau oder ein alter Mann und blickten auf Ihr Leben zurück. Stellen Sie sich die Frage, was Ihr Leben ausgemacht hat. Wer sind Sie? Wer wollen Sie sein? Was haben Sie in den neunzig Jahren gelernt, bewirkt und sich aufgebaut? Welche Menschen sind Ihnen nah, haben Ihr Leben bereichert und beglückt?

Einige wenden die Methode an, ihre eigene Grabesrede zu schreiben. Mir persönlich gefällt das nicht, vielleicht weil mir der Gedanke nicht behagt, mich in eine traurige Situation hineinzuversetzen. Natürlich können Sie durch dieses Gedankenspiel Erkenntnisse für Ihr Leben und Ihre Lebensziele gewinnen. Stellen Sie sich einfach vor, ein Familienmitglied oder ein Freund steht an Ihrem Grab und spricht einige Worte über Sie. Was wird dieser Mensch über Sie erzählen können? Haben Sie ein erfülltes Leben gehabt? Wie werden die anderen Sie in Erinnerung behalten? Welche Spuren wollen Sie hinterlassen? Welche Charaktereigenschaften oder Taten sollen hervorgehoben werden? Was war der Sinn Ihres Lebens?

Nun schauen Sie sich einmal ganz genau an, welche Wünsche Sie gesammelt haben, und entscheiden Sie, welche Ihnen besonders am Herzen liegen. Überprüfen Sie, ob sich Ihr Wunsch für ein Ziel eignet. **Ein Ziel sollte realistisch und aus eigener Kraft erreichbar sein.** Wenn auf Ihrer Wunschliste steht, dass George Clooney sich in Sie verlieben soll, dann eignet sich diese Fantasie nicht gut als Ziel. Denn erstens ist George frisch verliebt und verheiratet, zweitens spielt er wahrscheinlich in einer anderen Liga und drittens können Sie nicht seine Gefühle beeinflussen. Wählen Sie also zur Zielformulierung die Ich-Form.

Stöbern Sie weiter durch Ihre Träume und setzen Sie Prioritäten. Sätze wie „Ich will viel Geld verdienen!" – „Ich will erfolgreich sein!" – „Ich will mich gesund und fit fühlen!"

Verändern Sie diese und machen Sie Ihren Wunsch konkret. Was genau ist viel Geld? Und wie kommen Sie daran? Was heißt erfolgreich für Sie? Wollen Sie Ihr Gehalt verdoppeln? Ein Fußballspiel gewinnen? Aus Ihren Kindern gute Schüler machen? Einen bestimmten Deal unter Dach und Fach bringen? Was heißt gesund und fit für Sie? Und wie genau wollen Sie diesen Zustand erreichen? Wollen Sie fünf Kilo abnehmen? Wollen Sie Ihre Kondition verbessern und dreimal die Woche joggen? Wollen Sie Ihre Ernährungsgewohnheiten ändern? Oder wollen Sie vielleicht Ihre Schwiegermutter loswerden? **Machen Sie es konkret!**

Ich erlebe häufiger, dass Menschen ihren Wunsch negativ formulieren, denn es geht um persönliche Verhaltensweisen oder Situationen, die für einen selbst inakzeptabel und belastend sind. „Ich will nicht mehr so schüchtern sein!" – „Ich will nicht so viel Zeit im Büro verbringen!" – „Ich will kein Mädchen für alles sein!" – „Ich will keinen Freizeitstress mehr!"

Lassen Sie bei Ihrer persönlichen Zielformulierung die Wörter *nicht* und *kein* einfach weg. Es ist effektiver, ein positives Ziel zu formulieren. In dem Moment, in dem wir etwas negativ umschreiben, bilden wir automatisch einen Gedanken, der für diese Übung kontraproduktiv ist. Das heißt, jedes Mal, wenn Sie zu sich selbst sagen „Ich will nicht schüchtern sein", haben Sie in Ihrem Kopf

Bilder Ihrer eigenen Schüchternheit. Das Wort *nicht* kommt sozusagen gar nicht oben an. Die ganze Sache verhält sich so ähnlich wie bei einer Online-Suchmaschine. Angenommen ich tippe Folgendes ein: *NICHT Restaurants in Düsseldorf!* Dann werden mir voraussichtlich mehrere Speisemöglichkeiten in Düsseldorf und Umgebung aufgeführt. Das Wort NICHT ist einfach übergangen worden. **Formulieren Sie positiv!**

Anschließend können Sie alle lohnenswerten und attraktiven Ziele in Ihr EGO-Picture übertragen. Denken Sie daran, dass Ihr Selbstbild dynamisch ist, lebt und wächst. Sie werden Ziele erreichen, weitere Fähigkeiten entwickeln und Erfolge feiern. Manch eine Zielsetzung kann sich im Laufe der Zeit verändern. Ihr Bild bleibt in Bewegung, genau wie Sie. **Ziele sind der Treibstoff im Leben!**

Sich selbst und seine Potenziale gut zu kennen ist Voraussetzung für das Finden von Zielen. Selbstvertrauen ist Voraussetzung für das Erreichen von Zielen und gleichzeitig auch die unmittelbare Folge. Jedes Mal, wenn Sie ein Ziel erreichen, werden Sie sich kraftvoll und lebendig fühlen. Und der Erfolg wird Sie beflügeln. Sie werden mutiger Entscheidungen treffen und neue Ziele festlegen. Menschen, die keine Ziele haben, irren orientierungslos umher oder versacken in Trägheit und Lustlosigkeit. Ohne Ziele werden Sie morgens müde aus dem Bett stolpern und Ihr Leben als einzige Verpflichtung und Anstrengung erleben. Sie werden sich selbst nicht als Gestalter Ihres Lebens wahrnehmen. Sie werden andere für Ihr Unglück verantwortlich machen, resignieren und sich in Ihr vermeintliches Schicksal fügen.

Ein Ziel ist nur dann ein echtes Ziel, wenn es klar und messbar ist. Und alles, was messbar ist, kann gelingen oder scheitern. Viele Menschen sind zu bequem und haben Angst zu versagen. Vor lauter Bequemlichkeit und Angst fangen sie gar nicht erst an. Sie rühren sich nicht, verharren in Sicherheit und Gemütlichkeit. Eine Sicherheit, die trügerisch ist. Und eine Gemütlichkeit, die sich für viele schon wie „scheintot" anfühlt.

Wenn Sie es schaffen, aus der Fülle an Stärken und Potenzialen die für Sie richtigen und attraktiven Ziele zu identifizieren, dann haben Sie einen gewaltigen Schritt nach vorne gemacht. Denn es sind Ihre Ziele, die Sie morgens erfrischt und neugierig aus dem Bett springen lassen. Die Ihrem Leben einen Sinn geben.

Auf dem Weg zu unseren großen Zielen, den Zielen, die uns

durch das Leben ziehen, müssen wir allerdings auch viel Klein-
kram erledigen. Im Erfolgstraining wird gern mit Aktionsplänen
gearbeitet. Hier wird das Optimalziel in mehrere kleinere Etap-
penziele aufgeteilt. Jedes Etappenziel ist entsprechend klar for-
muliert und enthält eine konkrete Terminierung. Das ist wunderbar. So können wir groß denken und trotzdem kleine Schritte
machen. Außerdem stellt sich bei jeder kleinen Zielerreichung das
erfüllende Gefühl von Erfolg ein: „Ja, ich hab's geschafft!"

Auf Ihrem Weg werden Sie natürlich auch schwächeln, es wird
mal nicht so gut laufen und Sie können fallen. Es kann Projekte
geben, an denen Sie scheitern, Ihnen die Lust abhandenkommt
oder Sie am liebsten den ganzen Kram hinwerfen wollen. Das
kann selbst dann vorkommen, wenn Sie Ihre Stärken und Talente
einsetzen. Selbst dann, wenn Ihnen die Erreichung des Ziels über-
aus verlockend erscheint. Wir haben alle hier und da mit unserem
inneren Schweinehund zu kämpfen, der es uns schwer macht, diszipliniert und beharrlich am Ball zu bleiben. Ich werde Ihnen im
nächsten Kapitel verraten, mit welchen Mentaltechniken Sie diese
innere Stimme besiegen können. Sie können die Sache jedoch drehen und wenden, wie Sie wollen, Sie kommen an drei wichtigen
Glaubenssätzen nicht vorbei:

> **1. Ohne Disziplin geht gar nichts!** Trainieren Sie regelmäßig
> die mentalen Übungen.
> **2. Fleiß ist gut!** Wenn Sie eine ausbaufähige Stärke und ein
> attraktives Ziel haben, lohnt es sich, Ihr Wissen kontinuier-
> lich zu erweitern und Ihre Fähigkeiten zu perfektionieren.
> **3. Durchhaltevermögen zahlt sich aus!** Sie können nur bes-
> ser werden, wenn Sie dranbleiben. Sie werden wachsen und
> Erfolge einfahren. Aber Erfolg benötigt Zeit, insbesondere
> bei groß angelegten Zielen. Viele Menschen überschätzen
> ihre Möglichkeiten in den ersten Jahren, doch unterschät-
> zen völlig, was sie in zehn Jahren erreichen könnten.

Jeder Mensch und jede Situation, die uns begegnen, sind Lernerfahrungen. Auch wenn es keine schönen Erlebnisse waren, so sind wir doch zumindest an unseren Aufgaben gewachsen. Wir sollten versuchen, unser Scheitern und unsere Misserfolge lediglich als Zwischenergebnis zu sehen. Es ist ja ganz klar, dass wir in dem Moment, in dem wir stürzen, manchmal lieber liegen bleiben würden. Ist es nicht auch irgendwie logisch, dass wir fallen können, wenn wir uns bewegen, auf ein Ziel zugehen oder sogar losrennen? Wenn wir im Vorfeld das Risiko zu fallen aussparen wollen, dann sollten wir uns vielleicht lieber krabbelnd oder robbend durch die Welt bewegen.

Wenn ein Kleinkind laufen lernt, dann fällt es unzählige Male auf die Nase. Und das über mehrere Wochen hinweg. Die renommierte Entwicklungspsychologin Karen Adolph von der New York University hat dazu eine interessante Studie entwickelt und kleine Kinder im Alter von neun bis vierzehn Monaten beobachtet. Diese waren hoch motiviert, laufen zu lernen. Sie machten rund 14 000 Schritte am Tag und fielen durchschnittlich etwa hundertmal hin. Was denken Sie, was ein solch winziger Krabbler dann macht? Er motzt kurz auf, vielleicht kullern ein paar Tränen, manchmal lacht er auch, aber auf jeden Fall steht er wieder auf und versucht es noch einmal. Und zwar so lange, bis es endlich klappt. Er bleibt dran. Er gibt nicht einfach auf. Schmeißt das Handtuch und denkt sich: „Das hat doch alles keinen Sinn. Ich falle immer hin. Ich werde niemals laufen lernen!" Kinder wissen instinktiv, dass sie es schaffen können. Selbst dann, wenn es unendlich lange dauert.

Denken Sie gut darüber nach, was Ihr Traum im Leben ist. Überlegen Sie genau, für welches Ziel es sich zu kämpfen lohnt. Und dann geben Sie niemals auf, solange das Ziel für Sie ein erstrebenswertes Ziel ist. Oder wie Winston Churchill einmal sagte, im Bademantel auf seiner Terrasse stehend mit einem Whiskey in der Hand, als deutsche Bomber über seinen Londoner Wohnsitz flogen: „Mich schafft ihr nicht! Ich werde nie, nie, nie, nie, niemals aufgeben!" Von ihm stammt auch das Zitat: „Die Kunst ist, einmal mehr aufzustehen, als man umgeworfen wird."

Alles hat seinen Preis

Jedes Jahr pünktlich zum Jahreswechsel sind Zeitungen und Magazine überflutet mit Anregungen, wie wir unsere guten Vorsätze in die Tat umsetzen können. Denn mit Beginn eines neuen Jahres ziehen viele Menschen ein Resümee, was gut gelaufen ist und was sie gern verändern möchten. Sie schmieden Pläne und entwickeln persönliche Strategien. Die vielen Inspirationen in den Hochglanzmagazinen für Frauen drehen sich oftmals um Themen wie Figur, Jugend, Ernährung, Sport und Gesundheit. Doch gerade in den letzten Jahren haben Tipps und Ratschläge rund um den Job und die Liebe absolute Hochkonjunktur. Bei der männlichen Zielgruppe wird ähnlich agiert. Das gute Aussehen bekleidet die Spitzenposition, dicht gefolgt von Themen rund um Karriere und Luxus.

Vielleicht sind Sie ja auch mit einigen guten Vorsätzen und neuen Plänen ins neue Jahr gestartet!? Alles, was Sie sich vorgenommen haben und was wirklich Ihrer inneren (intrinsischen) Motivation entspricht, hat gute Chancen auf eine tatsächliche Umsetzung. Wenn Sie allerdings trendbewusst auf irgendeinen Zug aufspringen oder auf einer beliebigen kollektiven Begeisterungswelle surfen, dann wird Ihr Veränderungsprojekt wahrscheinlich scheitern. Es nutzt überhaupt nichts, fünfmal die Woche um den Block zu hetzen, nur weil Sie dem Wahn einer sich ständig selbst optimierenden Gesellschaft verfallen sind. Sie sollten auch nicht vegan essen, nur weil es so viele tun. Sie dürfen auch „Nein" zu Handschellen sagen, selbst wenn ein Kinofilm vielen Menschen ein heißes Verlangen auf SM-Spielchen suggeriert.

Was immer Sie entscheiden, Sie werden dann Erfolg haben, wenn Sie Ihrer Persönlichkeit, Ihren Stärken, Potenzialen, Werten und Wünschen entsprechend handeln. Und Handeln heißt: TUN!

Wer Sie sind und was Sie glauben, wirkt sich zu jeder Zeit auf Ihr TUN aus. Deswegen sind Selbstkenntnis und die Entdeckung der eigenen Stärken und Potenziale auch eine wichtige Voraussetzung für das Finden von Zielen.

„Es gibt mehr Menschen, die kapitulieren, als solche, die schei-
tern." (Henry Ford)

Das genau ist der Grund, warum Ihnen Beharrlichkeit ein guter Weg-
begleiter ist. Alles benötigt seine Zeit. Bleiben Sie so lange dran, bis
es klappt. Und das wird es auch, wenn es ein gut durchdachtes,
eigenmotiviertes Ziel ist.

Der deutsche Autor Alfred Kuhni schrieb in seinem Buch *Mir*
geht es gut: „Eine Löwin muss im Durchschnitt 29 Mal jagen, bevor
sie und ihre Lieben etwas zu essen bekommen. Sollte sie beim 28.
Mal aufhören zu jagen, gibt es an diesem Tag nichts zu essen."
Und der Verleger Emil Oesch sagte: „Zum Erfolg gibt es keinen
Lift, man muss die Treppe benutzen."

Man könnte auch sagen: Alles hat seinen Preis. Es ist in der Tat
so, dass uns in der Regel die Dinge nicht einfach in den Schoß fallen, und es regnet auch kein Glück vom Himmel. Wir wollen verändern, besitzen, erreichen und loslassen. Das kostet Kraft und
Zeit. Es kann anstrengend und mühsam sein. Wir müssen Ängste
überwinden und mutig sein. Stellen Sie sich die Frage: Lohnt es
sich tatsächlich für mich, diesen hohen Preis zu zahlen, um mein
Ziel zu erreichen? Sind Sie bereit, für eine gute Figur hart zu trainieren und reduziert zu essen? Können Sie problemlos auf Pasta
und Rotwein, auf Burger mit Pommes, auf Törtchen und Schokolade verzichten? Wer aussehen will wie ein Topmodel oder ein
Beau aus Hollywood, der muss dementsprechend Opfer bringen.
Anders geht es nicht.

Es gibt auch keinen erfolgreichen Manager mit einem Jahres-
gehalt von einer halben Million Euro und mehr, der seine Kinder
ins Bett bringt, vorzugsweise im Home-Office arbeitet und nach-
mittags auf einen Latte Macchiato seine besten Freunde trifft.
Erfolg und Reichtum haben ihren Preis. Jedes für uns attraktive
Ziel hat seinen Preis. Sie sind gefordert, sich zu überlegen, ob Sie
bereit sind, diesen zu zahlen. Welche Unannehmlichkeiten müssen Sie in Kauf nehmen, um Ihre Ziele zu erreichen? Worauf werden Sie verzichten müssen? Was genau investieren Sie, um Ihr Ziel
zu erreichen? Auf welche Personen in Ihrem nahen Umfeld haben
Ihre Entscheidungen eine Auswirkung?

Die Grundeinstellung, dass erst einmal alles möglich ist, gibt
uns theoretisch die Chance, jedes Ziel zu erreichen. Es existieren

natürlich Naturgesetze und somit Grenzen, die wir nicht über-
schreiten können. Bleiben Sie realistisch. Doch wenn es eine
Sache gibt, die Sie unbedingt haben wollen, dann fragen Sie sich
nicht, ob es möglich ist, sondern wie es möglich ist. Denn die
meisten Grenzen sind ohnehin nur in unserem eigenen Kopf.
Zu diesem Thema gibt es eine Geschichte, die Ihnen verdeutlicht, welche Auswirkungen solche mentalen Grenzen haben können. Irgendwo in einem Zoo in Amerika lebt ein Bär auf kleinem
Raum und läuft schon viele Jahre in seinem Käfig hin und her. Von
einer Ecke zur anderen, nicht mehr als vier bis fünf Meter. Die Zooleitung und die Pfleger machen sich schon länger Gedanken darüber, wie man diese Situation ändern könnte. Nach einer großen
Spendenaktion kann die Zooleitung ein neues Gehege bauen, mit
vielen Pflanzen, großen Steinen zum Verweilen und sogar einem
kleinen Wasserfall. Unser Bär soll nun endlich sein neues Zuhause
kennenlernen, sich austoben auf der artgerechten Spielwiese. Doch
was denken Sie, hat der Bär in seinem neuen Zuhause gemacht?
Hat er seine Freiheit und die vielen schönen Möglichkeiten genießen können? Leider nein. Der Bär ist weiterhin seine fünf Meter hin
und her gelaufen. In seinem imaginären Käfig. Den ganzen Tag. Ein
Leben lang. Bis zu seinem Tode. Irgendwie traurig, nicht wahr?
Doch genau so geht es uns auch oft. Wir haben unsere Grenzen
im Kopf. Eine imaginäre Linie, die uns sagt, bis hier hin und nicht
weiter. Für uns unumstößliche Glaubenssätze haben sich in unseren Kopf eingebrannt, und wir können uns gar nicht vorstellen, dass
es auch anders gehen könnte. In der Psychologie heißt dieses Verhalten übrigens „erlernte Hilflosigkeit". Es geht unter anderem auf
Martin E. P. Seligman zurück, der davon ausgeht, „dass Individuen
infolge von Erfahrungen der Hilfs- und Machtlosigkeit ihr Verhal-
tensrepertoire insofern einengen, als sie als unangenehm erlebte
Zustände nicht mehr abstellen, obwohl sie es (von außen betrachtet) könnten." Was doch alles möglich wäre, wenn wir diese Grenzen nicht hätten. Wir könnten weit über uns hinauswachsen und
Dinge tun, die wir uns bisher nur im Traum zu denken erlaubten.
Eine selbstbewusste Haltung gibt uns die Chance, Entscheidungen zu treffen. Welchen Weg Sie gehen möchten und was dieser Ihnen wert ist, entscheiden Sie selbst. Alles im Leben hat seinen Preis. Alles geht nicht! Also treffen Sie eine kluge und weise
Entscheidung!

Was treibt mich wirklich an?

Um Ihre inneren Antreiber zu entdecken und feste Persönlich-keitsstrukturen aufzudecken, bieten sich unterstützend die ver-schiedensten Modelle und Analysen zur Selbsterkenntnis an. An diesen können Sie sich orientieren, und sie helfen Ihnen bei der Selbsteinschätzung. Denn eines wissen wir ganz genau: Es gibt keine zwei gleichen Menschen. Jeder von uns ist ein Individuum. Jeder von uns riecht, schmeckt, hört, sieht, fühlt, denkt, beurteilt und handelt auf seine ganz eigene Art und Weise. Die verschiede-nen Persönlichkeitsmodelle ermöglichen eine Selbstreflexion, ohne dabei Menschen in Schubladen zu stecken. Denn oft sind wir ohnehin innerhalb eines solchen Modells kein eindeutiger Typ, vielmehr eine Mischung mit einer individuellen Gewichtung der einzelnen Persönlichkeitsanteile. Jeder von uns hat seine eigene „Landkarte", und die Herausforderung liegt darin, sich der eige-nen bewusst zu werden. Aber auch zu erkennen, dass andere Menschen eine andere Landkarte haben und deswegen auch anders fühlen und denken.

„Die wahre Entdeckungsreise besteht nicht darin, dass man neue Landschaften sucht, sondern dass man mit neuen Augen sieht." (Marcel Proust)

Ich arbeite in der Praxis mit einer Profilanalyse, die im Ursprung auf die Modelle der beiden Psychoanalytiker Carl Gustav Jung und Fritz Riemann zurückgeht. Grob gesehen unterscheidet sie zwi-schen vier Persönlichkeitstypen, mit denen sich bestimmte Antrei-ber verbinden lassen. Diese Antreiber sind meist häufig gehörte Botschaften unserer Kindheit, die sich als fester Glaubenssatz tief in unserem Inneren verankert haben. Innerhalb dieser Profilana-lyse kann ich typische Antreiber identifizieren, die ich Ihnen am Beispiel eines Modells des amerikanischen Psychologen Taibi Kah-ler vorstellen möchte:

1. Streng dich an! Hier haben wir es mit Menschen zu tun, die fest davon überzeugt sind, dass Fleiß und Mühe wichtige Werte im Leben sind. Oft sind sie sehr diszipliniert. Sie arbeiten hart und beharrlich an ihren Zielen. Sie glauben häufig, dass man im Leben nichts geschenkt bekommt. Sie können einen Erfolg nicht richtig genießen, weil sie gleich wieder den nächsten ansteuern. Sie strengen sich an. Ohne Fleiß keinen Preis – das ist das stille Lebensmotto.

2. Sei perfekt! Diese Menschen neigen zur Perfektion. Sie sind ebenfalls sehr diszipliniert, zuverlässig und genau. Sie neigen dazu, sich selbst unter Druck zu setzen und immer der Beste sein zu wollen. Sie erlauben sich selbst keine Fehler. Oft glauben sie, nur liebenswert zu sein, wenn sie volle 100 Prozent geben.

3. Sei stark! Menschen mit diesem Glaubenssatz sind überzeugt davon, dass sie sich keine Schwächen erlauben dürfen. Sie regeln ihre Angelegenheiten alleine und lassen sich ungern helfen. Sie kontrollieren sich selbst und zeigen nach außen selten ihre Empfindsamkeit und Verletzbarkeit. Gefühle zeigen bedeutet Schwäche zeigen. Sie weinen selten. Nach außen wirken sie meist selbstsicher und verantwortungsbewusst.

4. Mach schnell! Sich Zeit lassen zu dürfen und einfach nichts zu tun ist für diese Spezies eine große Verlockung. Sie mögen es überhaupt nicht, wenn man sie hetzt oder unter Druck setzt. Sie möchten ihre Reaktionsgeschwindigkeit selbst bestimmen, auch wenn es darum geht, eine E-Mail zu beantworten. Sie wünschen sich, Zeit zu haben und Pausen machen zu können. Oft leiden diese Menschen an Prokrastination, umgangssprachlich auch „Aufschieberitis" genannt. Sie können eine hohe Aktivität und Leistungsbereitschaft zeigen, wenn ihnen ein Projekt wichtig ist.

5. Mach es den anderen recht! Hier haben wir es mit einem Antreiber zu tun, der es im Ansatz verbietet, sich selbst die meiste Aufmerksamkeit zu schenken. Es sind sensible Menschen, die bemüht sind, den anderen zu gefallen. Sie glauben, nur auf diese Weise für andere von Wert zu sein und können schlecht „Nein" sagen, wenn sie um etwas gebeten werden. Häufig tun sie Dinge, um von anderen Aufmerksamkeit, Anerkennung und Liebe zu bekommen. Sie hören wenig auf ihre eigenen Bedürfnisse, manchmal kennen sie diese gar nicht. Sie sind meist wandelbar, gefällig und anpassungsfähig.

Schauen Sie doch einfach mal, wo Sie sich wiederfinden. Welche Sätze haben Sie in Ihrer Kindheit gehört? Eine schöne Möglichkeit, seine Persönlichkeitsstrukturen zu entdecken und seinen blinden Fleck aufzuspüren, bietet auch das Enneagramm. Es ist eine uralte Persönlichkeitslehre und teilt die Menschen in neun verschiedene Grundtypen ein. Es geht davon aus, dass alle Menschen einen ganz bestimmten Treibstoff brauchen, um ihre Bedürfnisse befriedigen und ihren Werten gerecht werden zu können. Obwohl viele meinen, sich selbst gut zu kennen und einschätzen zu können, gibt es häufig doch eine auffällige Diskrepanz zwischen dem Selbstbild und dem Fremdbild. Es ist verständlich, dass Menschen dazu neigen, manch einer Tatsache ungern ins Auge zu blicken. Dabei ist Selbsterkenntnis die Voraussetzung, um mit sich selbst Freundschaft schließen zu können. Eine Kollegin nutzt diese Lehre im Coaching, um die blinden Flecken ihrer Klienten aufzudecken. Sie findet heraus, welcher Treibstoff benötigt wird, um ihre innere Maschine geschmeidig und gewinnbringend laufen zu lassen. **Finden Sie Ihren Auftrag, Ihre Vision, Ihre Mission!**

Natürlich müssen Sie nicht alle möglichen Persönlichkeitstests und Profilanalysen durchlaufen, um Ihre positiven Antreiber und Ihre persönliche Mission zu entschlüsseln. Je länger und intensiver Sie sich mit sich selbst beschäftigen, desto deutlicher werden Ihnen die Strukturen der eigenen Landkarte.

Versuchen Sie, Ihre Grundmotivation anhand eines Prozesses zu entdecken. Sie können sich zu diesem Zweck in ein berufliches Bild hineindenken, unabhängig davon, ob Sie als Webdesigner eine Homepage für Ihren Kunden kreieren oder als Personaler einen neuen Mitarbeiter einstellen. Es geht darum, sich in ein Projekt und in einen Arbeitsablauf Schritt für Schritt hineinzudenken. Und während Sie sich in die verschiedenen Situationen hineinversetzen, prüfen Sie, bei welcher Aufgabe Sie die größte Freude und Befriedigung empfinden. Ich gebe Ihnen ein Beispiel: Ich habe entschieden, ein Buch zu schreiben. Zu welchem Zeitpunkt empfinde ich die größte Befriedigung? Wann genau habe ich die meiste Freude?

Ist es direkt zu Beginn, wenn eine gute Idee zum ersten Mal durch meinen Kopf schießt und ich gedanklich die umherfliegenden Puzzleteile aneinanderfüge? Oder ist es der zweite Schritt, in dem ich ein Exposé vorbereite, um gezielt Verlage anzusprechen? Vielleicht ist es aber auch die Recherche nach geeigneten Verlegern, die mir die meiste Freude bereitet. Oder ist es der Moment, wo ein Verlagslektor Interesse an dem Buchprojekt bekundet? Der Moment der Zusage und der Vertragsunterschrift? Es könnte natürlich auch das Schreiben selbst sein. Die Erinnerungen, das Recherchieren und das Formulieren. Oder ist es das fertige Werk? Der Stolz, das eigene Buch in den Händen zu halten? Vielleicht ist ein Buch, das nicht gelesen wird, für mich persönlich auch nichts wert, also ist der wahrhafte Genuss vielleicht doch die Anerkennung der anderen? Das Lächeln der Leser und positives Feedback? Lob und Anerkennung? Hohe Verkaufszahlen, Presserummel und öffentliche Auftritte? Geld?

Ich kann Ihnen verraten, was mich antreibt: Ich liebe es, mit Sprache und mit Worten umzugehen. Ich mag Bücher und ich lese gern. Ich erzähle gern Geschichten und gebe freudig mein Wissen weiter. Ein schöner Moment ist der Anfang, dann, wenn ein neuer Gedanke geboren wird. Die erste Inspiration und das Sammeln frischer Ideen. Doch der eigentliche Höhepunkt liegt in der Präsentation. Mein Wunsch ist es, die Menschen zu erreichen, sie zu begeistern und zu inspirieren. Ich will sie stärken und glücklich machen. Und das erreiche ich, wenn meine Botschaften gehört und gelesen werden. Was ist die Energie, die dahintersteckt? Was treibt mich an? Was ist meine Mission? Oder meine Vision? Ich möchte an dieser Stelle am eigenen Beispiel drei wichtige Antreiber identifizieren:

1. **Ich will Menschen stärken und ihnen helfen, ein glückliches Leben zu führen** (Inspiration – Motivation – Unterstützung).
2. **Ich möchte die Welt (Gesellschaft) ein bisschen besser machen** (Optimismus – Verantwortung – Menschlichkeit).
3. **Ich wünsche mir Zuhörer, Leser, Kunden, Fans, Anhänger** (Extrovertiertheit – Aufmerksamkeit – Anerkennung).

Genau so können Sie vorgehen, um Ihr eigenes Lebensmotto zu finden. Schauen Sie sich zuallererst Ihre Aufzeichnungen noch einmal an. Wählen Sie jeweils aus den gesammelten Wertvorstellungen, Stärken, Energie-Boostern und Zielen die drei wichtigsten aus. Ein Blick auf Ihre Werte ist besonders relevant, weil es die Werte sind, die oft einen Hinweis geben, wie wir tatsächlich ticken. Einer meiner wichtigsten Werte ist die Familie. Und unabhängig davon, was ich beruflich mache und in welchem Ausmaß ich aktiv bin, hat die Familie immer Vorrang. Das ist eine Erkenntnis, deren Umsetzung Wohlbefinden schafft und deren Missachtung für schlechte Gefühle sorgt. Unabhängig davon, ob ich mir genügend Zeit für die Erziehung des Kindes einräume oder den Sorgen meiner Eltern Aufmerksamkeit schenke. Es ist ein persönlicher Wert und vor allem eine eigene Entscheidung. Treffen auch Sie Entscheidungen!

Schaffen Sie vor Ihrem geistigen Auge Situationen, in denen Ihre Werte und Stärken zum Einsatz kommen. Fühlen Sie, inwieweit ein Schwerpunkt oder ein roter Faden erkennbar ist. Wofür brennen Sie? Was ist Ihr Traum vom Leben? Warum sind Sie auf dieser Welt? Was hat deutlich Priorität? Wofür stehen Sie?

Was macht mich besonders?

Es ist schon ein Weilchen her, da war ich Gasthörerin bei einem Vortrag einer bekannten Managementtrainerin, die spontan ins Publikum fragte: „Wer ist die wichtigste Person in Ihrem Leben?" Ich dachte eine gefühlte Sekunde nach und entschied impulsiv, ganz im Stillen für mich: „Natürlich meine Tochter. Sie ist mir das Wichtigste im Leben. Für sie würde ich gegen wilde Tiere kämpfen, von Wolkenkratzern springen, mir ein Schussgefecht mit der Mafia liefern, einer Herztransplantation zustimmen – es gibt nichts, was ich mir nicht vorstellen kann, um in James-Bond-Manier ihr Leben zu beschützen."

Nachdem die ersten der überwiegend weiblichen Gäste ihre Wahl kundgetan hatten und neben Kindern auch mal der Ehemann oder die Mutter genannt wurden, sprach die Trainerin mit einem wissenden Lächeln zu ihrer Anhängerschaft: „Auf diese Frage kann es nur eine Antwort geben! Die wichtigste Person in Ihrem Leben ist die Person, die Sie heute Morgen gewaschen, angezogen und vielleicht sogar geschminkt haben." (Ich dachte kurz nach, aber meine Tochter war mit damals 16 Jahren aus dem Gröbsten raus.) „Die wichtigste Person in Ihrem Leben – das sind Sie selbst!"

Natürlich, plötzlich war der Groschen gefallen. Jetzt war die Sache sonnenklar. Nur wer sich um sich selbst liebevoll kümmert, sich hegt und pflegt, kann auch für andere da sein. Das heißt: Erst ICH und dann die anderen. Und so kennen wir es doch auch aus dem Flugzeug. Bei Druckverlust in der Kabine fallen Sauerstoffmasken aus der Deckenvorrichtung, die man sich über Mund und Nase stülpt. „In diesem Fall ziehen Sie eine Maske schnell zu sich heran und platzieren diese fest auf Mund und Nase. Danach helfen Sie Kindern und hilfsbedürftigen Personen", lauten die Sicherheitsbelehrungen der Stewardessen.

Sie sehen, auch hier gilt das lebenswichtige Prinzip: „Erst helfe ich mir selbst und dann den anderen!

Bringen Sie Ihr Selbst und Ihr positives Selbstbild zum Strahlen, indem Sie Ihre Einzigartigkeit formulieren. Ich habe Sie bereits angeleitet, Ihre Stärken, Erfolge und Fähigkeiten mit positiven Erinnerungen und Referenzbeispielen zu füttern. Werfen Sie noch einmal ein Auge auf Ihre Kernkompetenzen. Was macht Sie besonders aus? Was können Sie besser als andere? Wo möchten Sie sich im Job und im Privaten positionieren? Schauen Sie auf Ihre Mission, auf Ihre wichtigsten Werte, denn hierin stecken bereits jede Menge Informationen. Es ist gleichgültig, ob Sie Hausmann, Manager, Schauspieler, Handwerker, Politiker oder Sportler sind, versuchen Sie, Ihre Eigenschaften und Besonderheiten zu finden. Was hebt Sie von den anderen ab?

In Bewerbungsgesprächen wird gern folgende Frage gestellt: „Wieso soll ich gerade Sie einstellen?" Sie ist auch bei jedem Flirt ein unausgesprochener Gedanke und wirkt im Unterbewussten richtungweisend.

Im Marketing und der Verkaufspsychologie gibt es für diese Einzigartigkeit und dieses herausragende Leistungsmerkmal einen Namen: USP (Unique Selling Proposition) oder auch „Alleinstellungsmerkmal". In der Wirtschaft versteht man darunter, genau festzulegen, welchen einzigartigen Nutzen das Produkt bringt. Wie und wodurch hebt es sich von den Angeboten des Wettbewerbs ab? In Zeiten einer Marktsättigung, eines Überangebots und einer fehlenden Individualität spielen emotionale Werte eine große Rolle. Es geht darum, einen zusätzlichen Nutzen oder einen herausragenden Wert, der den entscheidenden Unterschied zur Konkurrenz macht, hervorzuheben. So kann es zum Beispiel ein Restaurant sein, das auf Low-Carb-Speisen und vitaminreiche Smoothies spezialisiert ist und auf diese Weise die Werte Fitness und Gesundheit transportiert. Oder ein Dienstleister, der einen 24-Stunden-Service anbietet, schnell und problemlos für den Kunden da ist, wann immer dieser einen braucht. Es gibt auch ganz ausgefallene Ideen, wie die von TOMS Shoes aus Kalifornien: Mit jedem verkauften Paar Schuhe wird ein weiteres Paar an einen Menschen in der Dritten Welt verschenkt, der sich keine Schuhe leisten kann. Tolles Marketing, finden Sie nicht auch?

Das Alleinstellungsmerkmal ist häufig in der Kernbotschaft eines Unternehmensleitbildes integriert. Ein Leitbild drückt das Selbstverständnis einer Organisation aus. Bestimmte Werte und Prinzipien geben den Menschen nach innen eine Orientierung und nach außen einen Leitfaden für den Weg und das Ziel und wofür man steht. „Mission-Statement" nennen das die Wirtschaftsleute.

Machen Sie sich auf die Suche nach Ihrem USP und nach Ihrem Mission-Statement. Und wenn Sie Ihr besonderes Merkmal gefunden haben, dann versuchen Sie, einen prägnanten Satz dafür zu finden. So ähnlich wie eine Werbebotschaft, die Sie von Ihrer besten Seite präsentiert. Oder wie eine Headline in der Zeitung, die aussagt, was Sie Großartiges im Leben erreichen werden. Es sollte etwas sein, was wie die Faust aufs Auge zu Ihnen passt und was Sie mit Freude als Leitspruch im Herzen tragen. Ihr Image wird dem Bild folgen, das Sie in der Vorstellung bei anderen erzeugen wollen. Ihr Auftritt sollte authentisch und glaubwürdig wirken. Positionierung und Selbstmarketing haben nur Sinn, wenn keine heiße Luft als Treibstoff dient, sondern ehrliche Überzeugungen.

Bleiben Sie in positiver Erwartungshaltung

Ihr positives Selbstbild wird hoffentlich weiter in Bewegung bleiben und Sie werden beherzt erste Schritte in Richtung Ziel unternehmen. Eine alte Trainerweisheit besagt, dass man den ersten kleinen Babyschritt in Richtung Ziel innerhalb der folgenden zweiundziebzig Stunden nach Zielformulierung unternehmen soll. So steigt die Wahrscheinlichkeit, sein Ziel zu erreichen, um ein Vielfaches an. Probieren Sie es doch einfach aus! Stellen Sie sich bei jedem Ihrer Schritte Ihr Ziel als Bild vor, das heißt, visualisieren Sie den Weg dorthin. Es geht nicht nur um die Idealvorstellung, sondern auch um die realistische Einschätzung, wo genau auf Ihrem Weg Hürden und Hindernisse sind, die es zu meistern gilt. Stellen Sie sich diese Schwierigkeiten oder auch ein mögliches Scheitern vor. Bedenken Sie dabei, wie Sie aus einem eventuellen Dilemma wieder herauskommen und wie Sie immer wieder aufstehen können. Bleiben Sie gedanklich bei Ihrem optimalen Bild und holen Sie Ihr positives Selbstbild täglich in den Kopf. Denken Sie an Ihre bereits eingesetzten Stärken und an Ihre erlebten Erfolge.

Rufen Sie Ihre gesamten Potenziale ab und lösen Sie den Anker für schöne Erinnerungen, die Ihnen Mut und Kraft geben. Wie das geht, erfahren Sie in der Übung „Positive Emotionen verankern".

Das Wichtigste bei der ganzen Sache ist, dass Sie den Placebo-Effekt nutzen: Bleiben Sie in einer positiven Erwartungshaltung! Denn nur wenn Sie glauben, dass Sie etwas erreichen können, werden Sie es auch erreichen. Wenn Sie selbst nicht an Ihren Erfolg glauben, wie wollen Sie dann andere von Ihrer Person überzeugen?

Es gibt eine Studie der Manchester Business School in England, die an dieser Stelle für die weiblichen Leser von besonderem Interesse ist. Die Professorin Marilyn Davidson fragt jedes Jahr ihre Studenten, was sie zu verdienen erwarten und was sie, fünf Jahre nach ihrem Abschluss an der Uni verdient zu haben glauben. Jedes Jahr gibt es gewaltige Unterschiede zwischen den Antworten der weiblichen und der männlichen Studenten. Die männlichen Studenten erwarten nicht nur mehr zu verdienen als die weiblichen Kolleginnen, sondern glauben auch, mehr verdient zu haben. Im Durchschnitt denken die Männer, sie seien 80 000

Pfund wert, und die Frauen schätzen ihren Wert bei 64 000 Pfund ein. Das macht einen Unterschied von 16 000 Pfund. Unglaublich, nicht wahr? Obwohl beide genau das gleiche Studienfach belegen und die Frauen wahrscheinlich noch fleißiger und gewissenhafter studieren als ihre männlichen Kollegen.

„Wer seinen Geist nicht verändern kann, der kann gar nichts verändern." (George Bernard Shaw)

Schritt 2

Wie Sie sich Ihrer Gedanken bewusst werden und mentale Stärke aufbauen

Positive Emotionen

Positive Gefühle setzen positive Gedanken voraus. Wenn Sie eine Nachrichtensendung sehen und Ihnen Szenarien von Klimakatastrophen, Terroranschlägen, Altersarmut, Verschuldung und Massenunruhen ins Bewusstsein gebracht werden, dann haben Sie negative Bilder im Kopf.

Wenn Sie anschließend eine Nachbarin treffen, die Ihnen innerhalb von wenigen Minuten das Dilemma ihrer persönlichen Krankheitsgeschichte schildert, haben Sie weitere Gedanken im Kopf, die negative Bilder produzieren. Wenn Sie dann den letzten Streit mit Ihrer Mutter, Ihre gescheiterte Ehe oder den cholerischen Chef ins Gedächtnis zurückholen, produzieren Sie noch mehr geistigen Ballast.

In Ihrem Kopf entsteht so ein wirres Gedankenkarussell, wenn Sie sich Ihre Fehler, Ihr Unglück, Ihre Misserfolge oder Niederlagen ständig und immer wieder aufs Neue bewusst machen.

Wenn Sie sich diesen ganzen Müll wieder und wieder ins Gedächtnis rufen, dann wundern Sie sich bitte nicht über einen schlechten Gemütszustand. Es ist ein selbstzerstörerischer Kreislauf und es liegt in Ihrer Hand, diesen zu durchbrechen. Jeder Gedanke produziert ein Bild. Dieses Bild wird in Ihr Unterbewusstsein geschickt, und das kann nicht unterscheiden, ob es sich um ein reales oder ein fiktives Bild handelt. Für Ihr Unterbewusstsein ist es pure Realität und der Körper versucht sich dieser Realität anzupassen. Deswegen ist es sinnvoll, sich seiner Stärken und Ziele täglich bewusst zu werden, indem Sie diese in Form von Bildern denken. Am besten morgens nach dem Aufstehen und abends vor dem Zubettgehen. Zu dieser Zeit arbeitet Ihr Gehirn in einem Modus, der es begünstigt, dass Ihre Gedanken direkt ins Unterbewusstsein transportiert werden können. Hier verwandeln sie sich zu positiven Emotionen, die Ihre neue Realität gestalten.

Fangen Sie an, auf Ihre Gedanken zu achten, und formen Sie aus jedem Gedanken ein positives Bild. Denken Sie an Ihre Stärken, Potenziale, Fähigkeiten und Erfolge.

Wissenschaftler haben herausgefunden, dass wir die Hälfte unserer wachen Zeit an etwas anderes denken als an die Sache, die wir gerade tun. Und dann sind unsere Gedanken auch noch zu

65 Prozent negativ. Negative Gedanken produzieren negative Gefühle. Infolgedessen werden Hormone und Botenstoffe freigesetzt, die für einen schlechten körperlichen Zustand sorgen.

Die Einstellung oder der Filter vor der Birne

„Die größte Entscheidung deines Lebens liegt darin, dass du dein Leben ändern kannst, indem du deine Geisteshaltung änderst." (Albert Schweitzer)

Die großartige Psychologin Vera Felicitas Birkenbihl, die leider vor einigen Jahren verstorben ist, erzählte in ihren Vorlesungen gern folgende Geschichte: „In New York Ende der 1920er-Jahre, die Arbeitslosigkeit war groß, suchte eine Firma einen Morse-Operator, ein sehr beliebter und gut bezahlter Job. Man bekommt eine Meldung, die man dann als Telegramm weitermorst, indem man mit dem Finger auf eine Spezialtaste klopft. Auf diese Stelle bewarben sich damals 300 Leute und es wurden mehrere Interviewräume eingerichtet und Nummern verteilt, um die vielen Bewerber zu organisieren. Trotzdem gab es nicht genügend Sitzplätze und einige Anwärter hockten auf den Gängen und saßen auf dem Boden. Es war ein heißer Tag und ein lautes Hämmern schallte durch die Hallen. Nach einiger Zeit kam ein junger Mann dazu und erhielt die Nummer 254. Zuerst hatte er sich wie die anderen auf den Boden gesetzt, stand jedoch nach zwei Minuten spontan auf, ging zielstrebig zu einem Zimmer auf der anderen Seite, klopfte an die Tür, und ohne ein ‚Herein' abzuwarten, marschierte er schnurstracks in das Zimmer. Wenn Blicke hätten töten können, wäre der Mann im Türrahmen wohl zusammengebrochen, denn die übrigen Wartenden zeigten kein Verständnis für sein Verhalten. Nach kurzer Zeit kam er wieder in Begleitung eines älteren Mannes heraus. Dieser verkündete den Bewerbern, sie könnten jetzt alle nach Hause gehen, denn der Job wäre soeben vergeben worden an jenen jungen Mann."

Danach stellte Frau Birkenbihl ihren Zuhörern immer folgende Frage: „Wenn Sie unter den Wartenden gewesen wären, was hätten Sie gefühlt?"

Hier ist Ihr Einfühlungsvermögen gefordert. Es geht darum, Ihr Bauchgefühl kennenzulernen.Denken Sie nicht lange nach, sondern schreiben Sie die erste Empfindung auf. Welches Wort fällt Ihnen ein, wenn Sie folgende Aussage hören?

Die Welt ist voller ...

Was glauben Sie, wie der Großteil der Befragten aus Deutschland und Österreich geantwortet hat? Dreiviertel der Antworten waren negativ.

Die Welt ist voller ... Idioten.

Die Welt ist voller ... Narren.

Die Welt ist voller ... Arschlöcher, Neider, Scheißkerle.

Hätten Sie das erwartet? Wie ist Ihre Antwort ausgefallen?

Nur ein Viertel antwortete positiv und sah die Welt voller Sonnenschein, Wunder, Chancen, Ideen, Schönheit, Blumen, Freunde.

Wir haben alle vorgefertigte und programmierte Muster in unseren Köpfen, die je nach Input entsprechend reagieren. Wenn wir eine Situation beobachten, schicken wir diese durch unseren imaginären Filter vor unserem Kopf, der das Beobachtete in viele Einzelteile zerlegt und entsprechend unseren Erinnerungen und Glaubenssätzen interpretiert und bewertet. Das passiert alles in unserem Unterbewusstsein. Das Urteil ist gefällt und wir haben uns eine Meinung zu der Sache gebildet. Wir haben eine Einstellung eingenommen und eine geistige Haltung entwickelt.

Ich möchte Ihnen noch das Ende der Geschichte verraten: Der Herr erklärte den Wartenden, warum der junge Mann den Job bekommen hatte: „Sie saßen da, Sie hörten das Hämmern. Sie dachten wohl, wir würden renovieren, aber wir renovieren nicht! Sie sind alle Morse-Operatoren und es hat jemand mit dem Hammer Morsezeichen geklopft: Wenn du das verstehst, gehe zu Raum Nr. 1120, klopfe an, warte nicht auf ein ‚Herein' und du hast den Job!"

Auch das könnte eine weitere „Glückspilz-Geschichte" sein, die uns lehrt, Augen und Ohren geöffnet zu halten und achtsam durch das Leben zu gehen.

Kleine Gehirnkunde

Die meisten emotionalen Abläufe bekommen wir nicht bewusst mit, denn ein Großteil ereignet sich in unserem Unterbewusstsein. Wir bemerken nicht, dass unser Herz mehr als 100 000 Mal pro Tag schlägt und jede Stunde mehr als 300 Liter Blut durch unsere Adern schleust. Wir erhalten pro Sekunde durch unsere fünf Sinne 11 Millionen Bits an Informationen, davon nehmen wir ungefähr 40 Bits bewusst auf. Die bewusste Wahrnehmung beschränkt sich also lediglich auf einen Anteil von 0,0004 Prozent. Das Bewusstsein macht nur einen winzigen Prozentsatz aus und unsere Instinkte, Erfahrungen, Glaubenssätze, Gewohnheiten, Überzeugungen und Konditionierungen den Rest. Frau Birkenbihl hat den Umfang des Unterbewusstseins im Vergleich zum Bewusstsein einmal in Form einer Metapher als Strecke angegeben: 15 Milimeter Bewusstsein und 11 Kilometer Unterbewusstsein. Ist das nicht unglaublich?

Jetzt bemerken Sie, wie wichtig es ist, die Macht unseres Unterbewusstseins zu erkennen und gezielt Einfluss darauf zu nehmen. Alle unsere Ängste und schlechten Gewohnheiten sitzen tief im sogenannten limbischen System verborgen, während unsere tollen Ideen und guten Vorsätze an der Oberfläche auf der Großhirnrinde abgelegt sind. Da können Sie sich denken, dass es nicht ausreichend ist, einfach nur einen positiven Gedanken zu haben.

Das Gehirn ist eine faszinierende Angelegenheit, und die Möglichkeiten seiner ständigen Veränderungen sind Gold wert. Das menschliche Gehirn wiegt durchschnittlich 1300 Gramm und macht somit nur etwa zwei Prozent des gesamten Körpergewichts aus. Wenn Sie Ihre Hände jeweils zu einer Faust ballen und diese aneinanderhalten, bekommen Sie eine Vorstellung davon, wie groß Ihr Gehirn ist. Trotz des geringen Anteils am Gesamtgewicht braucht es 20 Prozent des für den Körper benötigten Sauerstoffs und 15 Prozent der Leistung, die unser Herz erzeugt. Ich habe gehört, dass es farblich rosa bis grau aussehen und die Konsistenz von Tofu haben soll. Laut Dr. Joe Dispenza besteht es aus 100 Milliarden Nervenzellen, die unglaublich rege sind und unaufhörlich miteinander kommunizieren wollen. Man nennt sie auch Neuronen, die übrigens rosa sind und sich nach dem Tod grau färben. Auf diesen Zustand ist vielleicht auch der Spruch mit den grauen Zellen zurückzuführen.

Ich möchte an dieser Stelle nicht zu wissenschaftlich werden und zu tief in die Gehirnforschung eintauchen. Doch einige nützliche Informationen will ich Ihnen geben, denn ein wenig Wissen über die Abläufe in Ihrem Körper und in Ihrem Gehirn bietet viele Vorteile bei dem Aufbau von Gelassenheit und Selbstsicherheit, besonders wenn es im Folgenden um die Themen Stress und Gesundheit geht.

Das Gehirn teilt sich in drei Untergehirne auf, die zu unterschiedlichen Epochen innerhalb der Evolution entstanden sind. Das älteste Gehirn ist das Reptiliengehirn. Es ist vor ungefähr 500 Millionen Jahren entstanden und wird auch Kleinhirn genannt. Es steuert unsere Bewegung, regelt unseren Herzschlag und kontrolliert unsere Atmung, also alles automatische Dinge, die wir oft nicht bewusst mitbekommen. Ungefähr 200 bis 300 Millionen Jahre später entwickelte sich unser zweites Gehirn, welches bei allen Säugetieren stark ausgeprägt ist. Man nennt es auch Säugetiergehirn oder Mittelhirn. Dieses Mittelhirn, das in der Hirnforschung limbisches System genannt wird, ist besonders bedeutsam, denn es hat großen Einfluss auf unser Verhalten. Alle Erlebnisse sowie gute und schlechte Erinnerungen werden hier abgespeichert. Daher wird es auch als emotionales Gedächtnis bezeichnet. Unsere negativen Glaubenssätze, Ängste und Selbstzweifel sind hier beheimatet, ebenso wie unsere Stressreaktionen, in denen wir unbewusst entscheiden zu kämpfen oder zu fliehen. Wenn irgendwo Gefahr lauert, zeigen wir rein biochemisch gesehen die gleichen Reaktionen wie das ängstliche Karnickel oder das scheue Reh.

Schauen wir uns unsere evolutionspsychologischen Basisemotionen an, fällt auf, dass der überwiegende Teil negativ ist. So geht der Psychologe Paul Ekman von sieben Grundemotionen aus: Freude, Wut, Ekel, Furcht, Verachtung, Traurigkeit und Überraschung. Da die Überraschung natürlich auch negativ sein kann, haben wir hier eigentlich nur eine positive Emotion, und das ist die Freude. Andere Experten haben leicht variiert und Interesse beziehungsweise Neugier als positive Basisemotion identifiziert, doch kamen dafür Ärger, Schuld und Scham hinzu.

Dieser geballte negative Anteil thront in unserem Unterbewusstsein, dem limbischen System. Hier ist zudem der Sitz der Amygdala, ein kleines mandelförmiges Gebilde, das uns schnell in Angst und Schrecken versetzen kann. Sobald eine Situation als gefährlich diagnostiziert wird, versetzt dieses Angstzentrum den Körper in höchste Alarmbereitschaft. Das Mittelhirn ist sozusagen unser primitiver Bereich, der häufig reagiert, wenn Gefahr im Verzug ist und wir uns vor bedrohlichen Situationen schützen müssen. Alles, was hier angelegt ist, sitzt tief in uns. Das ist auch der Grund dafür, warum viele Menschen sich mehr als Opfer der Umstände fühlen und nicht als aktiver Lebensgestalter. Zu übermächtig erscheint ihnen diese innere Kraft in ihrem limbischen System, die sie wie ferngesteuert agieren lässt.

Neben den beiden alten Gehirnen, Reptiliengehirn und Säugetiergehirn, hat sich vor ungefähr drei Millionen Jahren das neue Gehirn gebildet, der sogenannte Neocortex, der direkt vorn über unseren Augenbrauen im Stirnlappen sitzt. Es handelt sich hierbei um unser Bewusstsein. Dort sind unsere Wahrnehmung, unser Wille, unsere Ziele und unsere Ideen zu Hause. Hier entstehen bewusstes Denken, Logik, Vernunft und Moral.

Die Erschaffung eines positiven Selbstbildes, wie in Schritt 1 beschrieben, geschieht mithilfe des Neocortex. Ihr Selbstbewusstsein – Ihr ICH – sitzt vorn im Frontallappen. Alles, was Sie bewusst denken, erfahren und abgespeichert haben, bestimmt darüber, wer Sie sind und wie Sie sich durch das Leben bewegen. Jeder von uns hat seine eigene Wirklichkeit, die direkt über den Augen entsteht. Genau diese bewusste Wahrnehmung unterscheidet uns von den Tieren. Wir können mit dem neuen Gehirn unser altes Gehirn steuern, kreativ sein und die Zukunft gestalten. Es entwickeln sich unsere Gedanken, die zu Entscheidungen und Handlungen führen. **Unsere Gedanken steuern unsere innere Haltung, und diese lenkt uns durch das Leben.** Das ist unsere größte und erstaunlichste Chance.

Wenn ich im Weiteren von Ihren Gedanken, Bildern und von Ihrer Vorstellungskraft spreche, dann wissen Sie, es geht um Ihren präfrontalen Cortex. Einen Gedanken zu fassen, eine Erinnerung zu spüren oder das mentale Training, welches eine bewusste Einübung erfolgversprechender Gedanken ist, passiert im Neocortex.

Wer bin ich? Was kann ich? Warum bin ich hier? Was ist der Sinn von all dem? Wie kann ich ein gesundes und glückliches Leben führen? Wer oder was tut mir gut? Wo will ich hin? Alle diese Fragen finden ihre Antwort im Neocortex. Er ist die goldene Verbindung von Intelligenz und Kreativität und der Ursprung unserer Individualität und unseres authentischen Selbst.

Wenn wir im Leben dazulernen oder uns eine neue Denk- und Handlungsweise aneignen wollen, spielt der Neocortex die größte Rolle. Stellen Sie sich einmal vor, eine Frau hat einen Ehepartner gewählt, der sie nicht wertschätzt und schlecht behandelt. Vielleicht ist er sogar ein richtiges Ekel, säuft und ist gewalttätig. Manche Frauen wählen immer wieder den gleichen Typ Mann, obwohl er ihnen nicht guttut und sie ausschließlich auf negative Erfahrungen zurückblicken können. Wenn das der Fall ist, dann können Sie davon ausgehen, dass diese Frau nur einen geringen Zugriff auf ihren Neocortex hat. Vielmehr hat das Reptilien- und Säugetiergehirn ihr Bewusstsein voll im Griff. Und jeder Mensch, der bei Wut oder Ärger ohne groß nachzudenken einfach zuschlägt, hat ebenfalls keinen guten Draht zu seinem Neocortex. Er ist rein evolutionstechnisch gesehen im Reptilien- und Säugetierzeitalter stehen geblieben. Folglich ist das neue Gehirn nicht bei allen Menschen gleich gut entwickelt.

Es ist jedoch von großer Bedeutung, um zu den alten Gehirnen einen Zugang entwickeln zu können. Nur mithilfe des neuen Gehirns können wir auf unbewusste Vorgänge, Instinkte und Intuition zurückgreifen.

Gewohnheiten verändern mit dem Wissen der Neuroplastizität

Die Philosophie, Psychologie und die Neurowissenschaften beschäftigen sich bereits seit vielen Jahren mit dem Gehirn und seinen Funktionen. Sie gingen viele Jahre davon aus, dass das Gehirn ein fest verdrahteter Mechanismus sei, der sich ab einem gewissen Alter nicht mehr ändern ließe. Diese Hypothese erwies sich als falsch. In den letzten dreißig Jahren ist die Wissenschaft nach und nach zu der Erkenntnis gekommen, dass wir nicht nur unser Denken verändern können, sondern auch unser Gehirn. Wir haben Einfluss auf unsere Gedanken und somit auf unsere Einstellung und unseren Geist. Das verändert unser Gehirn. In der Wissenschaft nennt sich dieses Phänomen Neuroplastizität.

Nicht nur unser Denken lässt sich verändern, sogar unser Gehirn. Ein Leben lang.

Ich habe Ihnen von den 100 Milliarden Neuronen erzählt, die unentwegt miteinander im kommunikativen Austausch sein wollen. Bei allem, was Sie tun und denken, feuern diese Neuronen und wollen mit ihren Nachbarn in den Dialog treten. So entstehen zwischen den einzelnen Nervenzellen Verbindungen. Stellen Sie sich das „Feuern" wie ein Telefonklingeln vor, bei dem ein Neuron ans Telefon geht und mit einem anderen Neuron spricht. Diese Telefonleitung ist ähnlich wie eine Nervenfaser. Da es in Ihrem Gehirn sehr viele Verbindungen und Nervenfasern gibt, ist ein richtiges Netz an Leitungen entstanden, ein neuronales Netz. Ob und wie oft die Neuronen feuern oder wie oft es irgendwo klingelt, ist nach neuesten Erkenntnissen durch Sie aktiv steuerbar. Je öfter zwei Neuronen miteinander kommunizieren, desto häufiger wird die Leitung genutzt und glüht förmlich vor Aktivität. Da es mehrere Hundert Billionen Verbindungen gibt, herrscht in Ihrem Kopf ein ständiges Klingeln und Dauerfeuerwerk. Ihre Aufgabe ist es, Meister über dieses Chaos zu werden. Unsere neuronalen Netze sind durch unser bewusstes Denken formbar und veränderbar. Die Praxis der selbst steuerbaren Neuroplastizität kann ungünstige Konditionierungen und deren Nervenverbindungen schrumpfen lassen und ebenso günstige Verbindungen stärken.

Unser Netzwerk im Kopf beinhaltet viele automatische Abläufe. Hier gibt es eine Verbindung für das Zähneputzen, das Fahrradfahren und das Kaugummikauen. Feste Gewohnheiten, wie das morgendliche Ankleiden, sind hier festgelegt. Aber auch unsere Erfahrungswerte haben im neuronalen Netz ihre feste Verbindung.

Wenn Sie jemand im Dunkeln auszurauben versucht hat , werden Sie dieses schlechte Erlebnis in Ihrem Gehirn abgespeichert haben. Und jedes Mal, wenn Sie an diese Situation denken, feuern wieder entsprechende Neuronen und die Verbindung wird stärker. Das funktioniert im Übrigen auch, wenn Sie nicht bewusst daran denken, sondern vielleicht nur in der Dunkelheit spazieren gehen oder im Fernsehen von einem Raubüberfall hören.

Das Experiment von Iwan Petrowitsch Pawlow zu Beginn des 20. Jahrhunderts verdeutlicht diese Verbindung zwischen Gehirn und Nervenfaser. Bei jeder Fütterung seiner Hunde ließ er eine Glocke ertönen, sobald er den Fressnapf auf den Boden stellte.

Nach einiger Zeit stellte Pawlow fest, dass sich der Speichelfluss der Hunde bereits bei Einsatz der Glocke erhöhte. Völlig unabhängig davon, ob die Hunde etwas zu fressen bekamen oder nicht. Dieser Versuch ist als klassische Konditionierung in die Geschichtsbücher eingegangen. Das Experiment legte auch den Grundstein für die Entdeckung des Placebo-Effekts. Pawlow verabreichte seinen Hunden Morphiumspritzen, die bewirkten, dass sie sich übergeben mussten. Als er den Hunden kein Morphium, sondern lediglich Kochsalz spritzte, mussten diese sich trotzdem übergeben. Sie hatten die Spritze mit der Übelkeit verknüpft, genauso wie den Glockenton mit dem Futter.

Sie sehen, welche Möglichkeiten es gibt, die Schaltkreise im Gehirn zu verändern.

Konditionieren bedeutet also nichts anderes als eine zeitgleiche Assoziation unterschiedlicher Dinge. Es ist ein Reiz-Reaktionsmuster, das bewusst hergestellt werden kann. Im NLP, der Neurolinguistischen Programmierung, nutzt man diese Technik ganz bewusst, um beispielsweise ein gutes Gefühl oder eine positive Erinnerung zu verankern.

So können Sie das berauschende Gefühl eines Erfolgserlebnisses oder die tiefe Emotion einer zwischenmenschlichen Begegnung auf Knopfdruck abrufen. Im Sportbereich wird diese Art von Mentaltraining genutzt, damit der Sportler schnell das starke Gefühl abrufen kann, welches er bereits im Training und im Wettkampf erleben konnte: das Gefühl von Selbstbewusstsein, Stärke, Willenskraft, Schnelligkeit, Siegessicherheit, Dynamik, Energie und Stolz. Mit dieser Technik lassen sich ebenso Gefühle wie Geborgenheit, Entspannung oder Harmonie verankern. Wenn Sie intensiv an Ihre Beförderung zum Abteilungsleiter denken und Sie das mit Stolz erfüllt, können Sie dieses Gefühl erfolgreich verankern, indem Sie intensiv daran denken und zeitgleich ein kurzes Bewegungsmuster lernen.

Übung: Positive Emotionen verankern

Überlegen Sie bitte zuerst, welches positive Gefühl Sie gern verankern möchten und welches Referenzerlebnis Ihnen hierzu einfällt.

Suchen Sie sich einen ruhigen Platz und setzen Sie sich ganz gemütlich hin. Atmen Sie ein paar Mal lang und ruhig ein und aus, bis jegliche Anspannung von Ihnen abfällt. Stellen Sie sich vor, dass jedes Mal, wenn Sie einatmen, eine reinigende Frische und wertvolle Energie in Sie strömt und sich bei jedem Ausatmen schwarze Flecken und unnötiger Ballast aus Ihrem Körper verabschieden.

Jetzt denken Sie bitte an die von Ihnen gewählte Situation, in der Sie ein besonders gutes Gefühl hatten. Stellen Sie sich diese so bildlich und detailliert wie möglich vor und versuchen Sie, gedanklich in diese Situation hineinzuschlüpfen. Schauen Sie genau hin. Hören Sie zu. Spüren Sie mit all Ihren Sinnen. Holen Sie sich diese großartige Emotion zurück ins Gedächtnis. Und in dem Moment, wo Ihr Gefühl am stärksten ist, drücken Sie bitte den Mittelfinger und den Daumen Ihrer dominanten Hand zusammen. Jetzt haben Sie sich einen Anker gesetzt. Das heißt, Sie haben das wunderbare Gefühl mit der entsprechenden Bewegung verknüpft. Wenn Sie das einige Male üben und wiederholen, wird sich ein Automatismus einstellen – ähnlich wie bei der klassischen Konditionierung. Jedes Mal, wenn Sie Mittelfinger und Daumen aufeinanderpressen, spüren Sie zeitgleich das gute Gefühl, das Sie verankert haben.

Sie können natürlich auch ein anderes Bewegungsmuster wählen und Ihren Oberarm kurz drücken oder die Hand auf die Gürtelschnalle legen. Manche wählen Schmuck- oder Kleidungsstücke als Anker und ziehen ihre Erfolgsstiefel an, wenn ein schwieriges Gespräch ansteht. Oder sie tragen ihren Glücksbringer um den Hals, wenn es darum geht, eine Herausforderung zu meistern.

Solche Verbindungen existieren in unserem Gehirn millionenfach. Leider sind viele davon auch einschüchternd und schmerzhaft. Aus ihnen können Ängste und negative Glaubenssätze entstehen, die uns hemmen, das Leben mit Begeisterung und Optimismus zu meistern. Verbrennt sich ein Kind an einer heißen

Herdplatte die Finger, wird es voraussichtlich aus dieser Erfahrung lernen und sie kein zweites Mal anfassen. Es hat das Bild der „gefährlichen" Herdplatte im Kopf und verknüpft es intensiv mit einem Gefühl des Schmerzes. Sowohl die Herdplatte als auch das Schmerzgefühl können wir uns als winzige Neuronen vorstellen, und allein das Bild der Herdplatte bringt die Nervenzellen zum Feuern. Beide Neuronen feuern und stellen eine Verbindung her. Diese zeitgleiche Reizung führt zu einer automatischen Reaktion. Gerade in den ersten Lebensjahren bilden sich unendlich viele Verknüpfungen, mit denen wir unser ganzes Leben herumlaufen müssen. Hier entstehen Verbindungen, die darüber entscheiden, ob ich ein mutiger und selbstbewusster Mensch oder ein Angsthase bin.

Die Lernpsychologie weiß längst, dass so unser gesamtes Lernen funktioniert und unser individuelles Selbst- und Weltbild entsteht. Durch das selbstständige Feuern der Neuronen und die gebündelten Verdrahtungen im Gehirn schafft der Mensch sich eine subjektive Wahrnehmungswelt – seine eigene Realität.

Sie können die Verschaltungen in Ihrem Gehirn verändern. Sie können Ihre Realität neu erschaffen.

Versuchen Sie bitte einmal, sich die ganze Sache bildlich vorzustellen. Sehen Sie die Neuronen als viele kleine Punkte, die immer aufblitzen, wenn Sie etwas denken oder wenn Sie handeln. Es ist dabei völlig egal, ob die Sache gut und nützlich oder schlecht und schädlich ist. Jedes Mal werden die damit im Zusammenhang stehenden neuronalen Netze aktiviert. Ziehen Sie eine Linie zwischen den beteiligten Neuronen. Jetzt haben Sie ein Bild vor Augen mit unzähligen Punkten, die alle kreuz und quer durch unzählige feine Linien miteinander verbunden sind. Die entsprechenden Linien werden sich verstärken, wenn Sie eine Sache immer wiederholen oder daran denken. Sie werden stärker, fester und breiter. Oft reicht ein flüchtiger Gedanke aus, um diese Verbindung wieder zu stärken. So funktioniert Ihr Gehirn. Das neuronale Netz ist unsere Verdrahtung im Gehirn, die sich nicht einfach wegradieren oder löschen lässt. Doch Sie können eine Veränderung schaffen, indem Sie ein anderes Netz darüber legen.

Zwei Strategien sind hierbei entscheidend. Erstens gilt es, die negativen Verbindungen nicht weiterhin zu stärken. Das können Sie steuern, wenn Sie bewusst bestimmte Gedanken nicht denken. Und zweitens geht es darum, neue und positive Verbindungen zu schaffen und diese wiederholt zu denken, damit ein dicker und starker Strang entstehen kann.

Ständige Wiederholung schafft Gewohnheit.

Je intensiver sich das Netz neuer Verknüpfungen über die alten Verbindungen legt, desto stärker wird Ihre Persönlichkeit wachsen. Sie werden besser gelaunt und selbstbewusster sein und sich selbst und Ihre Umwelt liebevoller betrachten. Zweifel und Ängste werden sich reduzieren. Sie werden Ziele entwickeln und Ihre Zukunft willkommen heißen.

Die Kraft der Imagination

In meinen Seminaren erzähle ich gern folgende Geschichte, die ich in dem Buch *Körperglück* von Dr. Werner Bartens gelesen habe und die sich in den 1930er-Jahren in Indien zutrug: Ein Arzt überredete einen zum Tode verurteilten Verbrecher zu einem medizinischen Experiment. Er überzeugte den Gefangenen davon, anstatt wie gewöhnlich durch den Strang zu sterben, den Tod durch langsames Verbluten zu wählen. Dieser würde zwar länger dauern, wäre dafür aber völlig schmerzlos. Der Gefangene willigte ein. Der Arzt fesselte ihn an sein Bett und verband ihm die Augen. Dann montierte er jeweils einen mit Wasser gefüllten Behälter an die vier Bettpfosten, sodass das Wasser in eine auf dem Boden stehende Schüssel tropfen konnte.

Anschließend ritzte er die Haut des Gefangenen an Armen und Füßen leicht ein, ohne dass dieser blutete. Danach drehte er die Behälter mit dem Wasser auf und ließ es schnell und dann immer langsamer in die Schüsseln tropfen. Der Gefangene wurde zusehends schwächer. Der Arzt sprach immer leiser und leiser. Schließlich war es ganz still im Zimmer. Er wollte sich vergewissern, ob der Gefangene eingeschlafen oder sogar ohnmächtig war. Natürlich wäre das ungewöhnlich gewesen, denn immerhin hatte er es mit einem gesunden jungen Mann zu tun.

Als er sich ihm näherte, um die Ohnmacht zu überprüfen, stellte er fest: Der Mann war tot. Ein gesunder junger Mann war einfach gestorben. Einfach tot, ohne einen einzigen Tropfen Blut zu verlieren. Können Sie sich das vorstellen? Wie stark unsere Gedankenkraft sein kann? Dass einzig und allein die Vorstellung einer Sache, die reine Einbildungskraft, eine so starke Reaktion wie den Tod bewirken kann. Ein unglaubliches Experiment. Und ein unglaubliches Ergebnis. Es gibt reihenweise wissenschaftliche Studien, die belegen, dass es möglich ist, durch reine Einbildungskraft schwach und krank zu werden und sogar zu sterben. Innerhalb der Voodoo-Zauberei können sich Menschen vor Schmerz krümmen und zu Tode kommen, nur weil sie denken, verhext worden zu sein. Doch auch in unserer westlichen Welt kann der Nocebo-Effekt (gegenteiliger Wirkmechanismus von Placebo, bewirkt eine negative körperliche Reaktion in einem psychosozialen Zusammenhang aufgrund der eigenen Überzeugung) ausgelöst werden. Depressionen und negative Gefühle erhöhen die Gefahr eines Herzinfarkts. Übelkeit als Begleitsymptom einer Chemotherapie tritt bereits auf, bevor diese überhaupt zum Einsatz gekommen ist. Das Krebszentrum der University of Rochester gab vor einigen Jahren eine Studie heraus, die deutlich machte, dass die Erwartung von Übelkeit der stärkste Indikator für ihr Auftreten ist. Außerdem können unsensible Mediziner mit ihrer wenig achtsamen Wortwahl den körperlichen Abbau und das Einsetzen von Nebenwirkungen erheblich beschleunigen.

„Fantasie ist wichtiger als Wissen. Wissen ist begrenzt, Fantasie aber umfasst die ganze Welt." (Albert Einstein)

Imagination, von dem lateinischen Wort „imago" für Bild abgeleitet, ist im Grunde nichts anderes als die Fähigkeit, sich eine Sache bildhaft vorzustellen oder sich an eine Situation zu erinnern. Es ist Fantasie und Einbildungskraft. Es ist die Gabe, sich in eine andere Person oder in eine andere Welt hineinzuversetzen.

Wenn Sie gezielt immer wieder die richtigen Bilder in Ihrem Kopf erzeugen, dann sind Sie nicht nur in der Lage, die besten Eigenschaften aus Ihrer Person herauszuholen und Höchstleistungen zu erbringen. Sie können aktiv etwas für Ihre Gesundheit tun, sich in Ihrem Körper wohlfühlen und sogar Krankheiten besiegen.

Mentale Techniken gehören im Sport zum festen Trainingsrepertoire, ebenso wie bei Piloten, Chirurgen und Schauspielern. Sie alle kennen und praktizieren verschiedene Mentaltrainings, um ihren Beruf bestmöglich auszuüben. Selbst in der Medizin arbeiten innovative Wissenschaftler mit Imaginationstechniken, um Blut besser fließen zu lassen und Heilungsprozesse in Gang zu setzen.

Sicher kennen Sie auch die Geschichten, wo Menschen über Nägel oder heiße Kohlen laufen und keinerlei Verletzungen oder Brandwunden davontragen. Denken Sie auch an die vielen Placebo-Studien, die beweisen, wie stark unsere Gesundheit von der eigenen Einbildungskraft und Erwartung abhängt. Es ist gleichgültig, wohin die Akupunkturnadel gestochen wird, Hauptsache es wird gestochen.

Es ist schon komisch, wie sehr unsere Gedanken nicht nur unsere Gefühle beeinflussen können, sondern auch unseren körperlichen Zustand und unser Wohlbefinden. Daher sind unsere Gedanken so wichtig, wenn wir von einem „gesunden Selbstbewusstsein" sprechen.

Doch was genau ist zu tun, um die eigene Gedankenwelt positiv einzustimmen?

Alles nur Einbildung

Ich möchte Ihnen von einem Erlebnis erzählen, das vor einiger Zeit eine Kettenreaktion an negativen Bildern und Gefühlen in mir auslöste.

Einmal in der Woche besuche ich im Rahmen einer ehrenamtlichen Tätigkeit eine Grundschule, um einen Jungen für Bücher zu begeistern und bei ihm die Lust am Lesen zu wecken. Als ich wie gewohnt meinen „Lesejungen" besuchte, sah ich an der Grundschule ein großes selbst gemaltes Warnschild im Eingangsbereich der Ganztagsbetreuung: Auf dem Plakat war ein großes Krabbeltier, eine Art Käfer oder Spinne, mit ganz vielen Beinen zu sehen. Darunter stand in riesigen Großbuchstaben geschrieben: ACHTUNG LÄUSEALARM!!! Ich dachte: „Oh, nein! Schon wieder Läuse! Das ist ja ekelhaft! Sind die nicht schon längst ausgestorben? Wo kommen die überhaupt her?" Zeitgleich fiel mir ein, dass vor Kurzem ein lokaler Nachrichtensender von der neu entfachten Krätze an Düsseldorfer Schulen berichtete. Läuse, Krätze ... so was kommt doch heute nicht mehr vor. Ich bemerkte, wie meine Hand durch das Haar streifte, ich erst mein Ohr und dann das Kinn kratzte. Dann rieb ich mir den Nacken und meine Nase. Anschließend ging ich wieder durch meine Haare, kratzte mich hier und dort. Das große Jucken setzte ein. Es kribbelte auf der Kopfhaut und eine Horde imaginärer Läuse bahnte sich ihren Weg durch das Dickicht meiner Haare.

Eine blühende Fantasie. Reine Kopfsache. Alles eingebildet. Ich bin tatsächlich in der Lage, mir eine Läuse-Attacke einzubilden. Ich kratzte mich durch den Rest des Tages, und auch in den darauffolgenden Tagen blieb eine gewisse Grundnervosität bestehen.

Nun begann ich strategisch, mir Bilder ins Bewusstsein zu rufen, die diesen Zustand ad absurdum führen. Ich erinnerte mich an ein Gespräch mit einer Freundin, die erzählte, dass Läuse kein shampooniertes, getöntes oder parfümiertes Haar mögen. Das war schon mal ein beruhigender Gedanke. Und als ich schließlich zwecks Ansatz-Coloration bei meinem Friseur saß, da wusste ich ganz sicher, dass eine solche Chemiebombe die letzte imaginäre Laus ins Jenseits schicken würde.

Anhand dieser Geschichte möchte ich Ihnen erklären, wie Sie gezielt eine Imagination herbeiführen können. Sie können sich eine Sache vorstellen, sodass Sie tatsächlich ein Bild vor Augen haben. Ich hatte diese Zeichnung auf dem Plakat gesehen und hatte mir bildlich eine Laus vorgestellt. Ein kleines Tier mit Krabbelbeinchen. Dann stellte ich mir viele Läuse vor und wie sie über meine Kopfhaut rennen. Anschließend dachte ich darüber nach, dass Läuse auch Eier legen können. Ich malte mir aus, dass das jetzt alles auf meinem Kopf passieren könnte.

Ich konnte das Krabbeln spüren. Es kitzelte unter den Haaren, und die feinen Nervenenden unter der Kopfhaut waren aufs Höchste sensibilisiert. Nach mehrfachem Kratzen juckte die Kopfhaut nicht nur fürchterlich, sondern brannte zugleich. Die Imagination war so stark, dass sogar die Gesichtshaut und andere Körperteile anfingen zu jucken. Außerdem erinnerte ich mich an die Bemerkung der Gruppenleiterin: „Ihr Kind ist auch betroffen! Dieses Mal ist es ganz schlimm mit den Läusen. Das hatten wir so auch noch nie." Und dann noch meine Selbstgespräche: „Was ist das jetzt? Ist das eine Haarschuppe? Oder sehen die Nissen so aus? Bitte nicht, lass es eine Schuppe sein!"

Ich hatte mir über die verschiedenen Sinneskanäle die Situation so intensiv vorgestellt, dass sie sich wie die Realität anfühlte. Wenn Sie mit Imaginationen arbeiten, ist es sinnvoll, auf möglichst vielen Wahrnehmungsebenen gedanklich zu agieren. Erleben Sie Ihre Fantasie mit all Ihren Sinnen. Durch Bilder (visuelle Wahrnehmung), durch Gespräche und Geräusche (auditive Wahrnehmung) und durch Empfindungen (kinästhetische Wahrnehmung).

Je nach Imagination gibt es noch die Möglichkeit, etwas mit dem Geruchssinn (olfaktorische Wahrnehmung) oder dem Geschmackssinn (gustatorische Wahrnehmung) zu erleben.

Während ich an dem Kapitel schreibe und mich wieder gedanklich mit dieser Thematik beschäftige, beginnt es auf meinem Kopf erneut zu jucken. Meine Finger fliegen über die Tastatur und gleichzeitig kratze ich mich immer wieder am Kopf. Das ist die Kraft der Imagination. Und wie Sie bereits in den ersten Kapiteln gelesen haben, bleiben auch unsere Nervenzellen und neuronalen Verknüpfungen davon nicht unberührt.

Jedes Mal, wenn Sie sich gedanklich in eine erlebte Situation hineinversetzen und sie in intensiver Erinnerung unter Abrufung sämtlicher Sinne nochmals durchleben, dann verstärken Sie die dafür angelegte Bahn in Ihrem neuronalen Netzwerk. Das heißt in meinem Fall, dass die Konditionierung zwischen dem Gedanken an eine Kopflaus und dem darauf einsetzenden Juckreiz verstärkt wird. Ähnlich wie ein Trampelpfad, auf dem Sie immer wieder wandern und so Ihren eingeschlagenen Weg durch das platt getretene Grün deutlich markieren. Sie werden diese über Jahre entstandenen Verknüpfungen nicht einfach löschen können, aber Sie können sie schwächen und überlagern, indem Sie einfach für neue Wege sorgen. Stellen Sie sich einen grünen Rasen vor, auf dem Sie mit einem Rasenmäher von einem Ende zum anderen eine neue Bahn ziehen. Diese ist klar und deutlich zu sehen, und wenn Sie regelmäßig auf ihr umherwandern oder erneut mit dem Rasenmäher den Streifen kennzeichnen, wird sie zu Ihrem neuen Trampelpfad. Ständige Wiederholungen und Ausdauer sind hierbei wichtige Disziplinen. Stellen Sie sich vor, Sie haben einen frisch gemähten Rasen und fahren dann für drei Wochen in den Urlaub. Wie sieht Ihr Rasen bei der Heimkehr aus? Ist die neu angelegte Bahn noch zu erkennen oder bereits durch das frisch nachgewachsene Gras unsichtbar geworden?

Es liegt einzig und allein in Ihrer Hand, ob Sie sich für einen positiven oder einen negativen Gedanken entscheiden. Sie treffen die Entscheidung, ob Sie sich an schöne Erlebnisse erinnern wollen oder an Dinge, die in Ihrem Leben schief gelaufen sind. Sie bestimmen, ob Sie Fehler und Defizite sehen oder sich auf Stärken konzentrieren. Ob Sie Misserfolge abrufen oder eine Vorstellung von gelingenden Projekten und Erfolgen kultivieren. Sie entscheiden, ob Sie an Krankheit oder an Gesundheit denken, ob Sie lieber durch einen Grauschleier blicken oder durch die rosarote Brille. Sie entwerfen selbst ein Bild von Ihrer Person und Sie haben Einfluss darauf, ob es ein negatives oder positives Selbstbild sein wird. Wenn Sie sich für ein positives Selbstbild entscheiden, entscheiden Sie sich jetzt für positive Gedanken.

Kopfkino: Positive Gedanken
Um sich mit Ihrer eigenen Vorstellungskraft vertraut zu machen, sollten Sie das gezielte Entwickeln von gewünschten Gedanken üben. Sie können damit anfangen, Bilder in Ihrer Vorstellung zu entwerfen, die es Ihnen ermöglichen, über alle Sinneskanäle die eingebildeten Situationen zu spüren.
Suchen Sie sich einen ruhigen Platz, an dem Sie entspannt sein können. Sorgen Sie insbesondere in der Anfangszeit für eine stille Atmosphäre ohne Lärmbelästigung und Ablenkungen anderer Art. Schließen Sie die Augen oder schauen Sie auf einen fixen Punkt auf dem Boden. Und jetzt versuchen Sie einmal, verschiedene Bilder im Geiste zu entwickeln. Stellen Sie sich vor, wie Sie am Strand spazieren gehen. Malen Sie die Wände Ihrer Wohnung rosa an. Riechen Sie in Gedanken frisch gekochten Kaffee oder einen Obstkuchen im Ofen. Erinnern Sie sich an Ihr Lieblingsessen und nehmen Sie eine Gabel oder einen Löffel davon. Lassen Sie es über Ihre Zunge gleiten, kauen und schmecken Sie. Versuchen Sie, die Stimme eines geliebten Menschen zu hören. Erinnern Sie sich an seine Tonlage und an liebe Worte, die er gesprochen hat. Denken Sie an Musik, die Sie fröhlich macht und Ihre Laune hebt. Stellen Sie sich vor, eine leichte Brise Wind würde durch Ihr Haar fahren. Fühlen Sie kleine Regentropfen auf Ihre Wangen fallen.

Wie Sie Energie und gute Laune gewinnen

Ab und zu gibt es in unserem Leben Tage, an denen wir uns müde fühlen oder schlecht gelaunt sind. Wir sind einfach nicht gut drauf, haben Zweifel, Bedenken oder Ängste. Unsere Energiekurve hängt durch und am liebsten würden wir auf direktem Weg zurück ins Bett kriechen. Doch was können wir konkret tun, um uns in einen guten Zustand zu versetzen?

Ein guter Zustand und die richtige Einstellung sind wichtige Voraussetzungen, um ein selbstbewusstes und den eigenen Potenzialen entsprechendes Leben zu führen. Hierbei können uns unsere Vorstellungskraft und Fantasie große Hilfen sein. Probieren Sie einfach aus, welche Imagination zu Ihnen passt. Für die Methodik, die Ihnen dabei hilft, sollten Sie sich folgendes Muster vergegenwärtigen: Ein in unserem Kopf gefasster Gedanke setzt eine Emotion frei. Diese Emotion löst eine körperliche Empfindung aus und versetzt uns in einen bestimmten körperlichen Zustand. Aber auch eine bestimmte Körperhaltung, eine Bewegung und ein körperlicher Zustand verursachen bestimmte Gefühle, welche wiederum verschiedene Gedanken zur Folge haben.

Gedanke – Gefühl – Körperzustand
Körperzustand – Gefühl – Gedanke

Wir wollen uns zuerst mit der ersten Kette beschäftigen. Probieren Sie bitte folgende mentale Übung aus, die in zahlreichen Seminaren praktiziert wird:

Kopfkino: Gedankenumsetzung
Schließen Sie die Augen. Stellen Sie sich eine Zitrone vor. Sehen Sie das leuchtende Gelb. Fühlen Sie die grobe, unebene Schale. Riechen Sie das frische Aroma der Zitrusfrucht. Jetzt nehmen Sie ein Messer und schneiden die Zitrone in der Mitte durch. Sehen Sie das saftige Fruchtfleisch. Riechen Sie den intensiven Zitronenduft. Nehmen Sie jetzt eine Hälfte und schneiden diese wieder in zwei Teile. Der Saft der Zitrone spritzt dabei nach oben weg und Tröpfchen laufen entlang der Messerklinge. Jetzt nehmen

Sie ein Stück saftige Zitrone in die Hand und führen es langsam zu Ihrem Mund. Sie merken bereits, wie Ihnen das Wasser im Mund zusammenläuft. Jetzt beißen Sie herzhaft in das gelbe Fruchtfleisch. Der Saft der Zitrone schießt in Ihren Mund und Sie lutschen und beißen das sauer schmeckende Fruchtfleisch.

Merken Sie, was Ihr Körper macht? Fällt Ihnen auf, dass Sie mehr Speichel produzieren? Bemerken Sie, dass der Gedanke ein körperliches Erleben auslöst? Erinnern Sie sich daran, dass es Ihrem Gehirn völlig gleichgültig ist, ob eine Situation real oder nur eingebildet ist. Es kann schlicht und ergreifend diese Unterscheidung nicht treffen. Wenn Sie Ihrem Gehirn also eine Situation nur vortäuschen, dann wird es diese Täuschung als Wirklichkeit erleben und entsprechende Botenstoffe und Hormone durch Ihren Körper schicken. Wenn Sie sich ein schönes Erlebnis in der Zukunft einfach nur vorstellen, dann wird Ihr Gehirn sich anstrengen, dieses Bild Realität werden zu lassen.

Um ein stabiles und unabhängiges Selbstbewusstsein aufzubauen, ist es wichtig, positive und stärkende Gedanken zu fassen. Und wenn ich das sage, meine ich nicht, dass Sie das einmalig oder gelegentlich tun, sondern Sie müssen es am Anfang jeden Tag mehrfach wiederholen. Bis es zu einem Automatismus geworden ist. Sonst nutzt es nichts! Denken Sie daran, wie Ihr Gehirn funktioniert. Jede neue Gewohnheit muss sich wie ein Trampelpfad als neue Verbindung zweier Nervenzellen formieren.

1. Denken Sie an Ihre Stärken und Erfolge

Hier ist es wichtig, eine Situation, in der Sie erfolgreich waren, mit allen Sinnen nochmals zu durchleben. Stellen Sie sich den Moment genau vor. Wo sind Sie? Wen oder was sehen Sie? Wie ist die Stimmung? Wie fühlen Sie sich? Wo in Ihrem Körper ist das gute Gefühl? Welche Farbe hat die Situation? Welche Geräusche oder Stimmen nehmen Sie wahr? Riechen Sie etwas? Spüren Sie etwas? Versuchen Sie so intensiv wie möglich Ihr Erfolgserlebnis noch einmal zu fühlen. Spüren Sie den stärksten und tiefsten Moment besonders aufmerksam. Genießen Sie das gute Gefühl.

2. Trainieren Sie stark und gesund machende Gedanken – Der Placebo-Effekt

Es gibt zahlreiche Übungen und Imaginationstechniken, von denen Sie manche komisch oder albern finden werden, während andere eine wertvolle Hilfe für Sie sein können. Jeder Mensch tickt anders und springt auf ganz bestimmte, für ihn passende Vorstellungen an. Es ist unter anderem auch davon abhängig, ob Sie eher dazu neigen, Dinge zu visualisieren, das heißt, direkt ein Bild im Kopf haben, oder ob Sie lieber Selbstgespräche führen. Auch Ihr intuitives Gespür für Stimmungen und Atmosphäre sowie Ihre individuelle Erfahrungswelt sind hier entscheidende Voraussetzungen.

In verschiedenen Rhetorik-Ratgebern, die neben der Kunst der freien Rede auch die Reduktion von Lampenfieber versprechen, wird häufig dieser Tipp gegeben: „Wenn Sie merken, dass Sie angespannt und nervös sind oder wenn Ihr Publikum Ihnen eher Angst als Freude bereitet, probieren Sie doch einfach folgende Technik aus: Stellen Sie sich Ihr Publikum unbekleidet vor. Egal, ob Mann oder Frau. Alle völlig nackt!"

Das hört sich lustig an und soll Heiterkeit und Entspannung versprechen. Ich habe es mal ausprobiert und empfand es als merkwürdig. Mein Lampenfieber war nach wie vor da, und die Vorstellung mit einer Horde Nackten den gleichen Raum zu teilen, machte die Situation grotesk und bereitete mir Schwierigkeiten, bei meinem Thema zu bleiben.

Übung: Energiestrahl

Eine wirklich schöne Übung ist der „Energiestrahl", bei dem unsere Batterien wieder aufgeladen werden. Wir tanken Kraft, die uns willensstark und optimistisch werden lässt. Wir sind bereit, jede Herausforderung anzunehmen und zu meistern.

Stellen Sie sich gerade hin. Platzieren Sie Ihre Füße hüftbreit und sicher auf dem Boden. Stehen Sie aufrecht und blicken Sie nach oben, vielleicht in den Himmel, in die Baumkrone oder zum Licht. Lassen Sie Ihre Arme locker am Körper hängen. Jetzt nehmen Sie einen tiefen Atemzug, und während Sie das tun, pumpen Sie Luft in Ihren Brustkorb und blähen diesen groß auf. Sie merken, wie Sie in die Höhe wachsen und kräftiger werden. Atmen Sie wieder aus und heben dabei Ihre Arme seitlich nach oben, während Sie die Handflächen nach außen drehen. Sie halten sozusagen Ihre geöffneten Arme und Hände Richtung Himmel, so als ob Sie einen Applaus auf der Bühne genießen.

Das Bild, das Sie jetzt imaginieren, ist ein weißes, gelbes oder oranges Licht, das in Form eines kräftigen Strahls von oben herabbricht. Es strahlt durch Ihre Schädeldecke und durchflutet jede einzelne Region Ihres Kopfes. Es ist hell und leuchtet. Das wunderbare Licht breitet sich in Ihrem gesamten Körper aus. Brust, Herz, Bauch, Beine und Füße – jede kleine Körperzelle strahlt und ist gefüllt mit dieser wohltuenden und kraftspendenden Energie. Atmen Sie ruhig ein und aus und nehmen Sie mit jedem Atemzug mehr Energie in sich auf. Durch Ihre zum Himmel gestreckten Hände wird der imaginäre Lichtstrahl eingesogen. Genießen Sie das herrlich kräftigende Licht.

Wenn Sie ein visueller Typ sind, wird es Ihnen gut gelingen, sich diesen Lichtstrahl vorzustellen. Die Farbe ist übrigens nicht verbindlich. Sie dürfen auch ein kühles Blau wählen, das erfrischend auf Sie wirkt. Auf der kinästhetischen Ebene können Sie diesen Lichtstrahl auch erleben, indem Sie ihn fühlen. Was würde Ihnen hier entgegenkommen? Ist der Lichtstrahl eher warm oder kalt? Kribbelt es irgendwo? Können Sie besser atmen? Welche Veränderung spüren Sie? Wo haben Sie die stärkste Empfindung?

Wenn Sie zu den Menschen gehören, denen es schwerfällt, sich Dinge bildlich vorzustellen, und die bevorzugt über den auditiven Sinn reagieren, holen Sie sich dieses Krafterlebnis über Ihre inneren Ohren. Während der visuelle Typ einen Lichtstrahl in sich einschießen sieht, hören Sie ein stimmungsvolles Konzert, Ihre Lieblingsmusik, lobende Worte oder tosenden Applaus.

Nutzen Sie die Imagination, um gesund zu bleiben oder gesund zu werden. Es ist spannend und lehrreich zugleich, immer wieder über die verschiedensten Ereignisse jenseits der Schulmedizin zu lesen.

Die Privatdozentin Ulrike Bingel hielt beim Neurologenkongress in Hamburg einen Vortrag und erzählte eine Geschichte, die von einem 26-jährigen Mann in der Notaufnahme handelte. Seine Freundin hatte ihn dorthin gebracht und von seinen Selbstmordabsichten berichtet. 29 Tabletten Antidepressiva hatte er nach Aussagen seiner Freundin geschluckt. Er zitterte am ganzen Körper und schwitzte stark. Sein Ruhepuls schlug auf 110 aus und sein Blutdruck sackte gefährlich auf 80/40 ab. Nach einigen Untersuchungen und Gesprächen war klar, dass der Mann an einer Studie über Antidepressiva teilnahm und zu der Placebo-Gruppe zählte. Er hatte also lediglich angenommen, 29 Tabletten Antidepressiva geschluckt zu haben.

Sie wissen ja, schlechte Verträglichkeit und tatsächlich eintretende Nebenwirkungen lassen sich unter anderem auf eine negative Erwartungshaltung zurückführen. Eine gute Aufklärung über den Nutzen eines Medikaments und Zuversicht auf eine Heilung lassen eine positive Erwartungshaltung entstehen und erhöhen die Wirksamkeit.

Es gibt viele Möglichkeiten, gesund zu denken beziehungsweise negative Gedanken von sich fernzuhalten. Kennen Sie das nicht auch? In der Zeitung steht geschrieben: „Grippewelle erfasst Deutschland", oder so ähnlich. Dann sind noch einige Bekannte verschnupft oder in der Bahn wird sich vermehrt geräuspert und gehustet. Familie und gute Freunde warnen vor Ansteckung, verweisen auf Vitamine und warme Kleidung. Das Biowetter, das Horoskop und die Krankmeldungen im Büro tun ihr Übriges. Spätestens am Folgetag kratzt es Ihnen verdächtig im Hals.

Es gibt Menschen, die können ihren Herzschlag auf 160 Schläge und mehr pro Minute erhöhen. Wie das geht? Das Geheimnis ist, sich eine aufregende Situation vorzustellen, die Sie in einen Stresszustand versetzt. Wie Sie zum Beispiel im Meer schwimmen und plötzlich die Flosse eines Haifisches entdecken. Sie können sich alles vorstellen, was Ihnen Angst macht, ob es nun ein Hai oder die Schwiegermutter ist. Doch auch anregende und freudige Situationen können Ihren Herzschlag erhöhen. Wussten Sie, dass bei manch einem Orgasmus oder der Vorstellung davon der Blutdruck um fünfzig Millimeter Quecksilber steigen kann und somit doppelt so hoch ist wie nach schnellstem Treppensteigen über sechs Stockwerke?

Denken Sie sich gesund. Machen Sie es wie Kinder, denn sie sind große Meister im Visualisieren. Nehmen wir zum Beispiel diffuse Bauchschmerzen ohne organische Ursache. Kinder können mithilfe von Imaginationen den Schmerz einfach wegnehmen. Es gibt Entspannungstechniken, bei denen Kinder auf einer Wolke sitzend durch den Himmel fahren. Manchmal halten sie auch einen Zauberstein aus Gold in der Hand, der dann schmilzt und auf den schmerzhaften Bauch gelegt wird. Das glänzende und warme Gold vernichtet den Schmerz und hält wie ein Schutzschild weitere Schmerzen ab. Uns Erwachsenen helfen Entspannungstechniken wie Atem-, Yoga- und Meditationsübungen, um einen gedankenleeren Zustand zu erreichen. Dieser ist eine gute Ausgangsbasis dafür, sich spielerisch neuen Gedanken zu nähern. Kinder haben es grundsätzlich einfacher, nicht nur wegen ihrer großen Fantasie, sondern weil sich ihre Gehirnwellen im sogenannten entspannten Alpha-Zustand befinden. Erwachsene hingegen verbringen ihren Alltag im Beta-Wellen-Bewusstsein. Hier haben klare Gedanken, Logik und Analyse die Vorherrschaft. In der schamanischen Kultur gibt es viele Hilfsmittel, die einen anderen Bewusstseinszustand bewirken können. Bestimmte Gegenstände wie Trommeln, Rasseln, Gewänder, Steine, Kristalle, Federn, Messer und vieles mehr sind beseelt und dienen als Kraftspender. Blockaden können gelöst werden, Energie kann fließen und die Atemfrequenz und der Herzschlag können beeinflusst werden.

Ein anderes Beispiel für die Kraft der Imagination zeigt der Patient Ehrenfried Gier: Bei ihm wurde Hodenkrebs diagnostiziert. Man gab ihm nicht mehr lange zu leben. Er sah seine einzige Hoffnung in der imaginativen Körperpsychotherapie (IKP). Wissen Sie, was er gemacht hat? Er stellte sich in Gedanken vor, dass sein Blut heiß werde, denn Krebszellen mögen keine Hitze. Er spürte mit jeder Zelle, wie seine Körpertemperatur anstieg und anstieg. Vier Wochen später war der Krebs weg.

Übung: Gesunde Gedanken
Überlegen Sie ganz genau, welche Gedanken Ihnen und Ihrem Körper guttun. Schreiben Sie diese Gedanken auf ein Blatt Papier. Sollten Sie verärgert oder gestresst sein und würden Sie sich über eine Umarmung freuen, dann nehmen Sie einen Menschen in den Arm oder stellen Sie sich in Gedanken diese Umarmung vor. Wenn das Einatmen frischer Luft Ihren Blutfluss anregt und Sie dadurch dyna-

misch und aktiv werden, dann gehen Sie häufiger spazieren. Sollten Sie in einem Zimmer sein, stellen Sie sich vor, wie eine frische Meeresbrise Sie umweht oder das kräftige Grün der Bäume als pure Energie durch Ihre Lungen fährt.

3. Konzentrieren Sie sich auf Ihre schönen Seiten

Nehmen wir an, Sie schauen heute in den Spiegel, und auf einer Attraktivitätsskala von eins bis zehn (zehn steht hier für besonders gut aussehend) dümpeln Sie nach eigener Einschätzung lustlos im unteren Bereich herum. Eine Zwei oder Drei, höchstens eine Vier. Das ist natürlich eine rein subjektive Haltung, doch mit dieser Meinung über sich selbst werden Sie natürlich die entsprechende Außenwirkung erzielen. Jeder Ihnen entgegenkommende Passant wird Sie – so werden Sie es zumindest empfinden – kritisch belächeln oder ablehnend mustern. Wenn Sie Glück haben, werden Sie gar nicht erst angeguckt. Glauben Sie nicht, dass Sie an diesem Tag die Chance auf eine glückliche Begegnung oder einen Flirt hätten! Das Einzige, was Ihnen passieren wird, ist, dass Sie wahrscheinlich noch in einen Hundehaufen treten, den Bus verpassen und in ein Streitgespräch geraten. „Selbsterfüllende Prophezeiung" nennt sich das. „Ich sehe furchtbar aus, also werde ich auch einen furchtbaren Tag haben." Die ganze Sache geht natürlich noch ein Stückchen weiter, denn wenn Sie denken, Sie sehen schlecht aus, nehmen Sie auch eine schlechte Körperhaltung ein. Ihr Blick wird Richtung Asphalt und die Schultern werden Richtung Ohren wandern. Ähnlich wie eine verklemmte Schildkröte, die vorsichtig aus dem Panzer lugt. Ihr Gang wird schleichender und die Faltenlandschaft im Gesicht signalisiert die pure Verzweiflung. Was denken Sie, was passiert, wenn Sie dann auch noch sprechen? Es ist jetzt schon klar, dass Sie Ihr Gegenüber weder anschauen noch anlächeln werden. Ihre Stimme wird sich einfach der Körperhaltung anpassen: Es wird die Stimme einer Schildkröte sein. Leise und unauffällig. Einfach nicht gemacht, um mit anderen Menschen in einen fröhlichen Dialog zu treten.

Sicher kennen Sie den Unterschied zwischen Männern und Frauen, wenn diese vor einem Spiegel stehen. Die Frau spiegelt sich in der Regel länger als der Mann. Sie dreht sich in alle Richtungen, mustert kritisch das Gesamtbild und inspiziert jede einzelne Schwachstelle, die ihr förmlich ins Auge fällt. Und wenn sie diese nicht sofort findet, dann sucht sie so lange, bis sie eine entdeckt hat. Glauben Sie mir, selbst die schönsten und attraktivsten Frauen kennen alle ihre Problemzonen. Männer stehen lieber kurz und frontal vor dem Spiegel. Sie brauchen keinen Perspektivwechsel. Was sie im Spiegel sehen, finden sie meist im Großen und Ganzen in Ordnung. Hier können wir, liebe Frauen, etwas von den Männern lernen.

Jeder nimmt sein Spiegelbild als Gedanken oder Bild von sich selbst mit in den Tag. Auch Sie tun das. Wenn Sie vor dem Spiegel stehen und alle Schwachstellen registrieren, dann laufen Sie mit denen im Gepäck ins Büro, in den Supermarkt oder zu Ihrem nächsten Rendezvous. Alles, was in Ihrem Inneren passiert, findet auch einen Weg nach außen und spiegelt sich in Ihrem Gesicht und in der Körperhaltung wider.

> ### Übung: Entdecken Sie Ihre Schokoladenseite
> Betrachten Sie sich im Spiegel und entdecken Sie Ihre Schokoladenseite. Was ist schön an Ihnen? Was gefällt Ihnen? Betrachten Sie Ihre Haare, Kopf, Nase, Ohren, Mund, Hals, Bauch, Beine, Ihren ganzen Körper. Was mögen Sie an Ihrer Haltung, Ihrer Mimik und Gestik? Was lieben Sie an Ihrem Lächeln, an Ihrem Blick, an Ihrem Gang? Nehmen Sie alles wahr, was Sie besonders macht und strahlen lässt. Schauen Sie nur auf die positiven Dinge. Nehmen Sie dieses Bild mit in Ihren Tag.

4. Gehen Sie jeden Tag unter die Gedankendusche

Ersetzen Sie negative Gedanken und Glaubenssätze durch positive Bilder. Die beste Vorgehensweise ist hierbei, einige Tage wie ein Detektiv in eine Art Selbstüberwachung zu gehen. Beobachten Sie ganz genau, was Sie Tag für Tag tun und dabei denken. Wir alle haben negative Glaubenssätze tief in unserem emotionalen Gedächtnis vergraben, das sind die 90 Prozent Unterbewusstsein, die wie bei einem Eisberg unter der Wasseroberfläche liegen. Wir alle können uns an Sätze aus unserer Kindheit oder Jugend erinnern, die uns oft heute noch das Leben schwer machen. „Ein anständiges Mädchen verhält sich so nicht!" – „Bescheidenheit ist eine Tugend!" – „Echte Männer weinen nicht!" – „Wenn du dich weiter so verhältst, wirst du später ganz allein sein!" – „Du bist eben dick, das sind die Gene!" – „Das ist unmöglich!" An dieser Stelle könnte ich endlos weiterschreiben, denn es gibt Hunderte von negativen Glaubenssätzen, die wir als Ballast durch unser Leben tragen. Die Frage ist vielmehr: Kenne ich meine Glaubenssätze und wie kann ich eine negative Überzeugung in eine positive verwandeln?

Schauen wir uns noch mal das Beispiel mit der Grippe an. Das Land wird von einer Erkältungswelle erfasst, Sie haben wichtige Projekte vor der Nase und denken: „Oh nein, jetzt ist auch noch Grippezeit. Ich darf mich nicht anstecken. Bitte, lass mich jetzt keine Grippe bekommen!"

Spätestens jetzt haben Sie auf jeden Fall einen negativen Gedanken im Kopf. Und dieser Gedanke verstärkt sich, je öfter und je intensiver Sie sich mit ihm beschäftigen. Sie wissen doch: Alles, worauf wir unsere Aufmerksamkeit und Konzentration lenken, wächst und wird stärker. Ihre ganze Aufmerksamkeit haben Sie in das Thema Krankheit gesteckt. Ihr neuronales Netzwerk im Gehirn ist aktiv und kräftigt entsprechende Verbindungen. Ihr Kopf denkt „Krankheit" und fährt bei Gefahr und Stress Ihr Immunsystem runter. Ist Ihr Immunsystem erst einmal geschwächt, haben die Viren leichtes Spiel und vermutlich werden Sie krank.

Gehen Sie unter die Gedankendusche und spülen Sie alles Negative aus Ihrem Kopf und formen Sie Gedanken, die Ihnen gut tun. Wenn „Krankheit" ein negativer Gedanke ist, welches ist dann ein positiver?

Versuchen Sie es doch mal mit „Gesundheit", anstatt zu denken: „Ich darf nicht krank sein. Lass mich bitte keine Erkältung bekommen." Entwickeln Sie einen positiven Glaubenssatz wie: „Mein Körper ist gut vorbereitet. Ich fühle mich stark und habe gute Abwehrkräfte. Ich ernähre mich gesund und kann jede einzelne Zelle mobilisieren, um meinen Körper zu schützen. Ich bleibe gesund. Ich spüre die Kraft in mir."

Das Ganze können Sie natürlich durch sinnvolle Imaginationen unterstützen. Vielleicht stellen Sie sich eine Art virtuellen Schutz vor, wie einen Heiligenschein, der Ihren gesamten Körper umschmeichelt und Ihnen jeden Feind vom Hals hält. Sie können auch einzelne Muskelzellen gedanklich aufpumpen und so ein

Gefühl von Wachstum, Stärke und Widerstandskraft entwickeln. Hier ist Ihrer Fantasie keine Grenze gesetzt. Probieren Sie aus, was Ihnen tatsächlich weiterhilft. Entscheiden Sie sich für Gedanken, die zu Ihnen passen und mit denen Sie von Herzen einverstanden sind und sich wohlfühlen. Wenn Sie etwas komisch oder albern finden, dann lassen Sie es einfach weg. Prüfen Sie ganz genau, ob Sie mit Ihrem neuen Glaubenssatz zufrieden und glücklich sind. **Denken Sie Gesundheit!**

In dem alternativen Glaubenssatz über die Kraft Ihres Körpers sind keine Negationen, denn diese funktionieren in Ihrem Gehirn ohnehin nicht. Bei jeder Affirmation (positiver Glaubenssatz) und bei jedem Ziel, das Sie definieren und formulieren, denken Sie daran, die Worte *nie*, *nicht* und *kein* einfach wegzulassen.

Eine Imagination ist eine Vorstellung, und auf die müssen Sie sich gedanklich konzentrieren. Lassen Sie sich nicht durch flüchtige Gedanken oder Störungen im Umfeld ablenken. Bitte konzentrieren Sie sich jetzt!

Stellen Sie sich jetzt *keinen* großen Löwen vor, ein riesiges Tier mit einer prächtigen Mähne, auf dessen Rücken ein kleines, blond gelocktes Baby sitzt, mit blauen Kulleraugen und einem Lachen – bitte *nicht* vorstellen –, nur mit Pampers bekleidet und in der Hand einen knallroten Luftballon – bitte *nicht* vorstellen!

Und wie hat es geklappt?

Eine Affirmation ist ein positiver Glaubenssatz, der bei ständiger Wiederholung unser Unterbewusstsein umprogrammieren soll. Sie können sie auf einen Zettel schreiben, mehrmals täglich lesen und in der Wohnung aufhängen. Meist stehen kurze Sätze geschrieben, wie:

- Ich bin erfolgreich.
- Ich bin selbstbewusst.
- Ich liebe es, Menschen anzusprechen.
- Ich habe eine charismatische Ausstrahlung.

Diese Sätze einfach nur mehrfach am Tag zu lesen, reicht nicht aus. Nehmen wir an, Sie zweifeln an Ihrem äußeren Erscheinungsbild und fühlen sich deswegen unattraktiv und unsicher. Sie entwickeln einen neuen positiven Glaubenssatz, schreiben diesen auf eine Karte und hängen ihn gut sichtbar neben den Spiegel, in

den Sie mindestens jeden Morgen und jeden Abend hinein-
schauen. „Ich bin eine schöne und selbstbewusste Frau!" oder
„Ich bin ein gut aussehender und begehrter Mann!" Das ist Ihr
neu entwickelter positiver Glaubenssatz. Es dauert wahrscheinlich
nicht einmal eine Sekunde, da meldet sich eine innere Stimme in
Ihnen, die Sie zweifeln lässt und Ihr Misstrauen erweckt. „Hey, das
ist ja albern! Wem versuchst du hier etwas vorzumachen?"

Einfach nur lesen reicht nicht aus! Hier ist Ihre Vorstellungskraft enorm wichtig. Denn wenn Sie kein Bild im Kopf haben, dann
kann Ihr Gehirn auch kein Bild dazu in Ihr Unterbewusstsein
transportieren. Unser Gehirn funktioniert wie eine Online-Suchmaschine. Sie geben eine Frage ein und es versucht eine Antwort
zu finden. Das Gehirn bietet für Probleme eine Lösung, Sie müssen ihm nur die richtigen Fragen stellen. Das ist der Grund dafür,
warum Sie die besten Bilder in den Kopf bekommen, wenn Sie die
richtigen Fragen stellen. So wird es übrigens in jedem guten Coaching gemacht. Es sind die richtigen Fragen, die zur richtigen Zeit
auf die richtige Art und Weise gestellt werden. Denn die Antwort
findet in Bildern statt. Deswegen spricht man auch so oft von „klarer sehen" und „durchblicken".

Die Technik des Fragenstellens in Verbindung mit einer Affirmation wird in Coaching-Kreisen „Afformationen" genannt. Dieses Kunstwort ist von dem lateinischen Wort „formare" abgeleitet,
was sich mit „eine Form schaffen", „eine Form geben" übersetzen
lässt. Eine Afformation ist eine Frage an sich selbst.

Bleiben wir bei dem Beispiel: Ich bin eine schöne und selbstbewusste Frau! Die Fragen, die Ihre Vorstellungskraft anregen und
mit denen Sie eine Afformation schaffen, lauten:

- Warum bin ich schön?
- Warum bin ich selbstbewusst?
- Wie fühlt es sich an, eine selbstbewusste Frau zu sein?
- Wie ist das, schön zu sein?

Stellen Sie sich und Ihrem Gehirn Fragen, und Sie werden Antworten in Form von Bildern bekommen und im Mittelpunkt Ihrer
Aufmerksamkeit stehen. Alles, was Ihre volle Konzentration hat,
wächst und gewinnt an Bedeutung.

Übung: Afformationen

Die positiven Gedanken und Glaubenssätze werden in Afformationen verwandelt und so ins Unterbewusstsein gesendet. Positive Glaubenssätze, die wir bereits seit unserer Kindheit in uns tragen und die zu unseren Überzeugungen geworden sind, zeigen ihre Wirkung ohne gezielte Afformationstechnik.

Achten Sie täglich auf Ihre Gedanken und verwandeln Sie negative Glaubenssätze in positive Glaubenssätze und diese zu Afformationen. Halten Sie es schriftlich fest.

Stellen Sie sich die richtigen Fragen. Und wenn die Antworten als Bilder in Ihrem Kopf sind, versuchen Sie diese mit allen Sinnesorganen zu empfinden.

Was genau sehe ich?

Was höre ich?

Gibt es Geräusche?

Höre ich Menschen sprechen?

Was habe ich für ein Gefühl?

Wie fühlt es sich an?

Wo habe ich das Gefühl?

Nehme ich einen Geruch wahr oder habe ich andere Empfindungen?

5. Machen Sie eine Mediendiät

Beschäftigen Sie sich ausschließlich mit positiven Nachrichten und schönen Filmen. Zumindest dann, wenn Kummer und Ängste Sie plagen oder Sie dazu neigen, häufig schwarzzumalen und sich Sorgen zu machen. Bitte betrachten Sie die folgenden Beispiele und diese Tatsache völlig wertfrei, denn so oder so ähnlich klingen zahllose Texte aus anderen gängigen Tages- und Wochenzeitungen, Online-Reportagen und Fernsehberichten.

Am Freitag missbrauchte ein Täter ein sechsjähriges Mädchen in einer öffentlichen Toilette und schlitzte ihm den Hals auf. Das Kind musste drei Stunden lang operiert werden. Die Slumbewohnerin hatte die Toilette benutzen wollen.

Vor zwei Wochen war eine Fünfjährige von zwei Männern entführt und 40 Stunden lang vergewaltigt worden. Erst zwei Tage später wurde sie gefunden. Besonders schrecklich: Die Täter vergewaltigten das Mäd-chen auch mit Gegenständen, fügten dem Kind teils schwerste innere Verletzungen zu.

Diese Zeilen stammen aus einem Artikel der Bild-Zeitung. Es geht um Vergewaltigungen, um Gruppenvergewaltigungen, es geht um Kinder, sie werden mehrfach und brutal vergewaltigt, danach am Baum aufgehängt oder achtlos auf den Müll geschmissen. Was haben diese Worte in Ihnen ausgelöst? Hatten Sie ein Bild vor Augen? Oder ein Gefühl in Ihrer Brust? Haben Sie sich gut oder schlecht gefühlt?

Tarnen sich IS-Terroristen als Flüchtlinge? Laut Geheimdienst-Infor-mationen wollen Terrorkommandos die Flüchtlingsströme nutzen, um nach Westeuropa zu gelangen und dort Anschläge zu verüben. Ein Sprecher des Bundesinnenministeriums sprach davon, dass Deutsch-land im Fokus des Terrorismus steht und dass eine abstrakt hohe Gefährdung für die innere Sicherheit besteht.

Auch bei diesen Schlagzeilen haben Sie sicher schon Bilder im Kopf, denn allein die Tatsache, dass der Flüchtlingsandrang auf Deutschland größer als in den letzten 20 Jahren ist, bedeutet bebildert für viele Menschen „Massen an Fremden", die schwer einschätzbar und vielleicht gefährlich sind. Und dann auch noch Terroristen (da haben Sie doch sicher genügend Bildmaterial im Kopf) darunter, die kaltblütige Morde und Anschläge größter Dimension verüben könnten.

Die Berichterstattung ist bunt und facettenreich, und über die gängigen Medien wird bevorzugt eine negative Berichterstattung in die Köpfe der Menschen gepflanzt. Die vielen Negativ-Bilder gehen ungefiltert in unser Gehirn und werden häufig gedanklich als tägliche Realität erlebt.

Generelle und diffuse Angststörungen sind in unserer Gesell-schaft auf dem Vormarsch. Wir machen uns zu viele Sorgen und sehen oft schlimme Dinge auf uns zukommen. Dabei ist es gleich-gültig, ob wir von einem abgestumpften Jugendlichen in der S-Bahn-Station erschlagen oder durch einen im Sturm wild umherwirbelnden Baumstamm getroffen werden. Unsere Gesell-schaft geht den Bach runter, Terroristen und Geistesgestörte sind

Normalität, die Kassen sind leer und Naturkatastrophen selbstverständlich, Alter und Demenz prägen das Stadtbild, mutierte Viren und Bakterien sowie der Dritte Weltkrieg stehen bevor.

Sollten Sie das alles nicht in den Nachrichten hören, dann werden Sie bestimmt zielsicher einen Spielfilm oder eine Serie aussuchen, in denen Menschen betrogen, vergewaltigt, ermordet oder Opfer einer Katastrophe werden. Sobald Sie versuchen, diese Dinge von sich fernzuhalten, dann sind es Freunde, Bekannte oder Kollegen, die Ihnen die neuesten furchterregenden Geschichten zutragen.

Kennen Sie den Ausdruck Mindfuck? "You fuck somebody's mind" heißt sinngemäß übersetzt so viel wie jemanden den Kopf verdrehen. Es handelt sich um eine simulierte Realität, eine hypothetische und fiktive Situation, die als echte Realität wahrgenommen wird. Der Begriff ist auch aus der Filmszene bekannt, in der Manipulationstechniken eingesetzt werden, die den Zuschauern ein bestimmtes Bild oder eine feste Überzeugung in den Kopf pflanzen. Haben Sie gerade einen Psychothriller gesehen, dann hören Sie es vielleicht im Gebüsch rascheln oder fühlen sich von einem Unbekannten verfolgt.

Unser Kopf ist voller Mindfucks, und schnell halten wir eine schlechte Nachricht für unsere tägliche Realität. Oft ist es sogar uninteressant, ob es sich um einen Einzelfall handelt oder alles fernab der Heimat passiert. Wir lieben es, uns negative Bilder in den Kopf zu holen. Wenn Sie auf den Straßen und Autobahnen unterwegs sind, dann achten Sie mal auf Ihre Mitmenschen. Die wenigsten schenken einer schönen Landschaft ihre Aufmerksamkeit, höchstens mal einen schnellen und flüchtigen Blick. Doch ein Unfall am Straßenrand, mit Absperrungen und Warnlichtern, verschrotteten Autos und hilflosen Verletzten erweckt großes Interesse. Überlegen Sie mal, ob Sie mehr negative oder mehr positive Informationen aufnehmen. Verstehen Sie mich nicht falsch, es geht nicht darum, links und rechts alles auszublenden. Und es ist auch nicht ratsam, einfach wegzuschauen oder völlig realitätsfremd ein Leben im eigenen Panzer zu fristen. Die eigentliche Empfehlung, die ich an dieser Stelle gern aussprechen möchte, ist, einen feinfühligen Umgang mit sich selbst zu pflegen. Jeder von uns ist mit einer individuellen Sensibilität ausgestattet, und wenn Sie bei sich selbst bemerkt haben, dass eine Masse an negativen

Bildern und Angst machenden Nachrichten Sie emotional ver-
stört, dann ziehen Sie hier ganz klar eine Grenze. Wenn Sie dazu
neigen, Ängste zu entwickeln und sich Sorgen zu machen, rate ich
Ihnen dringend zu einer Mediendiät.

Empfehlung
Bitte erstellen Sie eine „schwarze Liste", auf der Sie alle
Ihnen nicht guttuenden Medienangebote und Quellen ver-
zeichnen. Informieren Sie sich rein sachlich in Form von
Zahlen, Fakten und Statistiken über das gesellschaftliche
und politische Geschehen. Vermeiden Sie Filme jeder Art,
die Gewalt und Angst durch Inhalte, Bilder und Kamerafüh-
rung darstellen oder fördern. Bevorzugen Sie Komödien,
Familien- und Liebesfilme sowie anspruchsvolle Filme, mit
deren Inhalt Sie sich auf intellektueller Ebene auseinander-
setzen können.
Gehen Sie auf Entdeckungsreise und suchen Sie gezielt
nach positiven Botschaften und Nachrichten.

6. Nutzen Sie positives Vokabular

Es gibt drei wichtige Aspekte der Kommunikation. Sie kennen
sicher den Ausspruch des Psychologen und Kommunikationsex-
perten Paul Watzlawick: „Man kann *nicht* nicht kommunizieren."
Es ist einmal das gesprochene Wort von Mensch zu Mensch und
zum anderen der körpersprachliche Ausdruck. Und dann gibt es
noch einen dritten Gesichtspunkt, der mir recht wertvoll erscheint,
allerdings häufig vernachlässigt wird: das Selbstgespräch.

Im Leistungssport wird mentales Training schon seit Langem
eingesetzt. Es gibt drei verschiedene Trainingsarten, die Ihnen
beim Imaginieren Ihrer Stärken und Ziele behilflich sein können:
1. *Das Mentaltraining aus der Innenperspektive:*
Hier blicken Sie von innen heraus durch die eigenen Augen und
nehmen Ihr Umfeld mit allen Sinnen wahr.
2. *Das Mentaltraining aus der Beobachterperspektive:*
Hier betrachten Sie die Situation von außen, so als würden Sie
einen Film über sich selbst sehen.
3. *Das mental-sprachliche Training:*
Hier trainieren Sie Bewegungsabläufe per Selbstgespräch oder
reden sich einfach gut zu.

Mit anderen Menschen gehen wir oft freundlicher um als mit uns selbst, deshalb sollten Sie wertschätzend, wohlwollend und fürsorglich mit sich selbst sprechen. Wir hegen Selbstzweifel, hinterfragen alles und geizen keinesfalls mit Kritik. Kennen Sie das auch? Sie hatten ein wichtiges Gespräch und anschließend gehen Sie kritisch mit sich selbst ins Gericht. „Was hast du da denn schon wieder gesagt? Klang das komisch? Was denken die wohl? Ich war gar nicht gut. Das hätte ich besser machen können."

> „Achte auf Deine Gedanken,
> denn sie werden zu Worten.
> Achte auf Deine Worte,
> denn sie werden zu Handlungen.
> Achte auf Deine Handlungen,
> denn sie werden Deine Gewohnheiten.
> Achte auf Deine Gewohnheiten,
> denn sie werden Dein Charakter.
> Achte auf Deinen Charakter,
> denn er wird Dein Schicksal."
> (Chinesisches Sprichwort)

Fällt Ihnen etwas auf? Am Anfang ist der Gedanke und am Ende das Schicksal. Das heißt, alles was Sie denken, kann Ihr Schicksal werden.

Wenn Sie gut über sich denken, werden Sie auch gut über sich selbst sprechen. Wenn Sie positiv über Ihre Leistungen denken und stolz auf Ihre Erfolge sind, werden Sie auch nach außen einen souveränen und fähigen Eindruck machen. **Vorwiegend an die eigenen Fehler zu denken und Misserfolge zum Besten zu geben, macht unsicher. Es lässt Sie inkompetent und erfolglos wirken.**

Wer sich klein denkt, wirkt auch klein. Wer bevorzugt über seine Schwächen spricht, wird auch von anderen häufig als schwach wahrgenommen.

Am Anfang steht also der Gedanke oder wie es so schön heißt: „Ein Bild sagt mehr als tausend Worte."

Doch wie entsteht aus einem Gedanken ein Bild? Nehmen Sie folgendes Beispiel: „Ich hänge vor der Glotze." Sicher wirkt das schlappe und energielose Bild in Ihrem Kopf eher negativ. Nehmen Sie hingegen folgenden Satz: „Er ist ein Unternehmer." Was denken Sie jetzt? Haben Sie auch ein Bild von einem Menschen vor Augen, der aktiv ist und etwas „unternimmt?" Verbinden wir nicht häufig Unternehmertum mit Dynamik und Erfolg?

Bevor wir einen Satz formulieren, haben wir ein Bild im Kopf und ein entsprechendes Gefühl. Doch welche Bilder wir im Kopf haben, ist abhängig von den Worten, die wir benutzen. Und welche Worte wir benutzen, hängt davon ab, wie groß unser Wortschatz ist. Je mehr Vokabeln wir zur Verfügung haben, umso schönere Bilder können wir malen. Sie ermöglichen uns, sprachlich erfolgreich zu agieren. So kommen wir ins Handeln und bestimmen eigenverantwortlich und aktiv unser Schicksal.

Im Kapitel „Denken Sie an Ihre Stärken und Erfolge" ging es um Ihre Stärken und Fähigkeiten. Wir sind gemeinsam auf Entdeckungsreise gegangen, um Ihren wunderbaren Schatz zu heben. Es reichte nicht aus, einfach zu schreiben: „Meine Stärke ist die Kommunikation" – „Ich kann gut mit meinen Händen arbeiten." – „Ich bin ehrlich."

Solche Formulierungen sind viel zu allgemein. Sie brauchen genaue Beschreibungen und Beispiele für wirksame Imaginationen, die am besten gelingen, wenn Sie über einen umfassenden Wortschatz verfügen. Um die Bilder zu erschaffen, brauchen Sie positives Vokabular.

Genauso wie uns negative Bilder anziehen, fühlen wir uns auch mit einem negativen Vokabular wohl. Achten Sie mal darauf, wie viele Negationen ständig verwendet werden. „Das geht nicht." Oder Verallgemeinerungen: „Alles ist schlecht." Oder das Vokabular, das Unsicherheit ausdrückt und einen authentischen und souveränen Auftritt verhindert: Eigentlich, vielleicht, relativ, ein bisschen, wahrscheinlich, eventuell, ich denke, ich würde.

„Ich glaube, ich bin eigentlich relativ gut." Klingt das überzeugend für Sie?

Auch Verben können, sprachlich eingesetzt, ein negatives Gefühl implizieren: „Musst du noch arbeiten?" Das Wort müssen steht für Pflicht und Druck. Und diese Bedeutung überträgt sich auf die Arbeit.

„Wer die Macht der Wörter nicht kennt, kann auch die Menschen nicht kennen." (Konfuzius)

Wussten Sie, dass unser Wortschatz trotz des sehr großen Begriffspotenzials außerordentlich beschränkt ist? Sprachwissenschaftler gehen davon aus, dass wir nur 0,5 bis 2,5 Prozent unseres Potenzials, also nur zwischen 2000 und 10 000 Vokabeln, nutzen. Dabei bietet die deutsche Sprache rund 250 000 Wörter an und die englische Sprache hat sogar über eine halbe Million Vokabeln. Englische Sprachwissenschaftler haben festgestellt, dass doppelt so viele Wörter existieren, die einen negativen Gefühlszustand beschreiben, wie es positive Formulierungen gibt. Laut einer umfassenden Recherche fanden sich für Traurigkeit 264 Wörter wie *kummervoll, verzagt, niedergeschlagen, verstimmt, tränenreich, gequält, gegrämt,* während sich für Fröhlichkeit lediglich 105 Synonyme entdecken ließen, darunter *schwungvoll, lebhaft, munter, unbekümmert.*

Haben Sie auch einen großen Berg negativen Wortmüll in Ihrem Kopf gelagert? Geht Ihnen häufig etwas auf die Nerven? Sind Sie frustriert? Haben Sie die Nase voll? Benutzen Sie häufig Metaphern, die negative Bilder produzieren?

„Mir platzt gleich der Schädel." Stellen Sie sich das mal bildlich vor! Oder: „Ich ertrinke in Arbeit." Haben Sie ein Bild vor Augen? Sieht schlimm aus, oder? – „Ich bin am Ende." – „Ich bin in einer Sackgasse gelandet."

Metaphern haben eine große Bedeutung in unserem Leben, weil die erzeugten Bilder eine hohe Emotionalität mit sich bringen. Es macht einen großen Unterschied, welches Vokabular wir einsetzen, um unsere Haltung zu beschreiben. Jedes Wort prägt unsere individuelle Einstellung zu den Dingen und dem Leben. Für manche ist das Leben eine Tretmühle oder ein Hamsterrad. Immer wieder das Gleiche, zermürbend und langweilig. Für andere ist das Leben ein Haifischbecken, gefährlich und lebensbedrohend. Oder es ist ein Spiel. Es kann leicht und oberflächlich wirken. Es gibt Gewinner und Verlierer. Einige betrachten das Leben aber auch als Geschenk. Dann ist es eine Überraschung. Dann ist es Freude.

Die Begriffe, die Sie sprachlich verwenden, beeinflussen Ihr Schicksal. Sie können nur das erleben, was Sie sich auch vorstellen können.

Oder wie Walt Disney es mal ausdrückte: "If you can dream it, you can do it." ("Wenn Sie es träumen können, können Sie es auch tun.")

Welche Auswirkungen positive Wörter auf unser körperliches Wohlbefinden haben können, zeigt folgende Geschichte aus der Medizin: In den USA wurde das Chemotherapeutikum EPOH von einem Onkologen eingesetzt und zeigte eine ausgesprochen geringfügige Wirkung, was protokolliert wurde. Ein anderer Onkologe setzte dieses Medikament mit extrem großem Erfolg ein. Unabhängig von der Tatsache, dass Menschen unterschiedlich reagieren können, machte folgende Geschichte die Runde: Der Arzt soll im Gespräch mit den Patienten beim Durchgehen des Medikamentenbogens den Namen verdreht haben. Statt EPOH bekamen die Menschen HOPE (Hoffnung).

Übung: Positives Vokabular
Achten Sie auf Metaphern und gängige Sprachmuster. Schreiben Sie alles auf, was Sie wiederholt denken oder sagen. Versuchen Sie dieses möglichst wortwörtlich festzuhalten. Beschäftigen Sie sich mit den bevorzugt gewählten und wiederholten Wörtern und deren Bedeutung. Nehmen Sie sich einen Duden und ein Lexikon der Synonyme zur Hand und tauschen Sie ungeeignete Wörter gegen positiv wirkende Ausdrucksformen aus.
Versuchen Sie anschließend, die neu gewählten Worte in Ihr Gedankengut als festes Repertoire zu übernehmen, indem Sie sich sowohl schriftlich als auch im Gespräch mit anderen ihrer bedienen.

7. Visualisieren Sie Ihre Ziele

„Nichts geschieht, ohne dass ein Traum vorausgeht."
(Carl August Sandburg)

Welche Rolle Ihr Gehirn bei der Erreichung von Zielen spielt und warum der bekannte Satz „Gewonnen wird zuerst im Kopf" nicht nur bei Sportlern von Bedeutung ist – darüber werden Sie auf den folgenden Seiten mehr erfahren. Mir geht es jetzt darum, dass Sie davon überzeugt sind, dass die richtige Imagination und eine

Visualisierung des Zielzustandes wichtige Größen sind, um erfolgreich zu sein. Um hier den Beweis anzutreten, bitte ich Sie folgende Übung aufmerksam und konzentriert mitzumachen:

Übung: Zielvisualisierung

Bitte stellen Sie sich aufrecht hin, die Füße hüftbreit auseinander und fest auf dem Boden stehend, links und rechts von Ihnen genügend Platz, sodass Sie Ihre Arme zur Seite ausstrecken können, ohne etwas oder jemanden zu berühren.

Stellen Sie sich vor, Sie sind ein Baum und aus Ihren Füßen ragen die Wurzeln, die Ihnen einen sicheren und stabilen Stand geben.

Strecken Sie jetzt Ihren rechten Arm und Ihren Zeigefinger gerade nach vorne weg. So, als wollten Sie auf etwas zeigen. Jetzt drehen Sie bitte Ihren gestreckten Arm so weit nach rechts über die rechte Hüfte, ohne die Fußstellung zu verändern, bis keine Drehung mehr möglich ist. Ihr Zeigefinger zeigt jetzt auf einen Punkt, zum Beispiel auf eine bestimmte Stelle an der Wand, den Sie sich bitte merken.

Kehren Sie nun in die Ausgangsposition zurück und machen Sie sich kurz locker. Jetzt das Gleiche noch einmal. Allerdings nur in Gedanken. Schließen Sie jetzt bitte die Augen. Stellen Sie sich vor, wie Sie den rechten Arm und den Zeigefinger nach vorne strecken. Machen Sie rein gedanklich die Bewegung über die rechte Hüfte, so weit, wie es geht, bis zu dem Punkt, an dem Sie gerade waren, und dann noch ein paar Zentimeter weiter. Da ist noch was drin. Stellen Sie sich vor, wie Sie fünf bis zehn Zentimeter weiter kommen als beim ersten Mal.

Jetzt wieder zurück in die Ausgangsposition. Halten Sie Ihre Augen weiterhin geschlossen und versuchen Sie es gedanklich noch einmal. Strecken Sie Ihren Zeigefinger vor und drehen Sie sich so weit, wie Sie können nach rechts. Sie kommen an den Punkt, wo Sie zuerst waren und an den Punkt, wo Sie gedanklich beim zweiten Mal waren. Und schließlich spüren Sie, wie biegsam Sie sind und, holen wieder ein paar Zentimeter raus. Kehren Sie jetzt bitte in die Ausgangsposition zurück.

Öffnen Sie Ihre Augen. Lockern Sie sich und atmen Sie tief ein und aus. Und jetzt probieren Sie es noch mal. Nicht in Gedanken. Nein, machen Sie es. Strecken Sie Arm und Zeigefinger nach vorn und drehen Sie sich so weit, wie Sie können, unter Einsatz Ihrer mentalen Kräfte, nach rechts. Und? Hat sich was verändert? Sind Sie weiter gekommen als beim ersten Mal?

Die Switch-Kompetenz

Ich habe Sie im vorherigen Kapitel mit auf eine Reise durch Ihre Gedankenmuster genommen, um Ihnen zu verdeutlichen, wie wichtig ein konsequentes Gedankenmanagement für Sie ist. Ich kann nicht häufig genug betonen, dass ein ganzheitliches Denken und ein regelmäßiges Tun, das Üben von Zielvisualisierungen, Imaginationen und Abrufen von Ankern, die ausschlaggebenden Erfolgsfaktoren sind. Es ist ausgesprochen sinnvoll, sich selbst als das bedeutungsvollste und lukrativste Projekt im eigenen Leben zu betrachten und den Fokus beim Üben zu 100 Prozent auf sich selbst zu richten. Nicht an andere Menschen und Dinge zu denken und sich täglich bewusst zu machen, dass unsere Gedanken mit unseren Gefühlen und mit unserem Körper in stetiger Wechselwirkung stehen. Schon beim morgendlichen Aufwachen sollten Sie sich Ihre Stärken und Erfolge bewusst machen. Sie erinnern sich, wer oder was Ihnen guttut, und bewegen sich voller Selbstvertrauen durch den Alltag. Abgespeicherte Erfolgserlebnisse werden bei Bedarf abgerufen. Sie wissen, wofür Sie dankbar sind, und fühlen sich glücklich. Ihre Ziele und deren Erreichung haben Sie bildlich vor Augen. Je öfter und je intensiver Sie dieses Vorgehen ritualisieren, desto erfolgreicher werden Sie sein. Es wird ein neues neuronales Netzwerk entstehen, das Ihnen hilft, ein glückliches und erfülltes Leben zu führen. Regelmäßiges Üben und Konzentration sind dabei entscheidende Erfolgsfaktoren: Denken Sie an den Trampelpfad auf der Wiese, der nach drei Wochen Urlaub wieder zugewachsen ist.

Die Fähigkeiten, die Ihnen das ermöglichen, heißen Fantasie, Kreativität und Vorstellungskraft. Ich benutze gern das Wort „switchen", was so viel heißt wie umschalten oder wechseln, und werde Sie im weiteren Textverlauf mit Ihrer eigenen Switch-Kompetenz vertraut machen. Innerhalb eines Coachings werden dem Klienten Instrumente an die Hand gegeben, die ihn dabei unterstützen, ein Problem oder eine Sachlage aus mehreren Blickwickeln zu betrachten. So erhält er selbst neue Perspektiven und kann darüber hinaus auch den Standpunkt anderer Personen nachvollziehen. Das erweitert den Horizont und macht es möglich, mutig Entscheidungen zu treffen. Ziel ist es, sich in andere Situationen oder in andere Personen zu switchen. So können wir uns zum Beispiel bei der Zielvisualisierung bereits in die gewünschte Erfolgssituation hineinversetzen. Das ist auch der Grund dafür, dass Ziele vorzugsweise in der Zeitform Präsens definiert werden. Das Ereignis wird zwar erst in der Zukunft stattfinden, aber das gute Gefühl des Erfolges lässt sich durch die Vorstellungskraft schon vorher abrufen. Das macht eine Zielerreichung wahrscheinlicher, denn unser Gehirn unterscheidet nicht zwischen einer Vorstellung und der Realität. Stellen Sie sich vor, Sie sind Produktentwickler und haben die Aufgabe, ein neues Produkt in Ihrer Firma zu präsentieren. Sie sollen vor einer Gruppe von zwanzig Personen sprechen und Ihr Ziel ist es, eine wirkungsvolle Präsentation abzuliefern und Kollegen sowie Kunden von der Wirksamkeit und der Marketingstrategie zu überzeugen. Zwei Sachen setze ich jetzt einfach voraus: Sie haben ein gutes Produkt und Sie investieren ausreichend Energie in eine gute Vorbereitung.

Kopfkino: Erfolgsstory
Denken Sie Ihre Erfolgsstory in bewegten Bildern und sehen Sie sich gelassen und voller Selbstsicherheit in Ihrer Lieblingsbekleidung vor Ihr Publikum treten – gut aussehend, charismatisch und souverän. Sie können einzelne Gesichter sehen und bemerken ein wohlwollendes Verhalten und bewundernde Blicke. Sie lächeln und man lächelt zurück. Sie spüren die Energie, die Sie nach außen strahlen. Der Raum ist hell und freundlich, die Stimmung ist gut und Ihre Zuhörer sind in einer positiven Erwartungshaltung. Sie halten Ihren Vortrag und interagieren mit ihnen. Sie sehen Ihre Mimik und Ihre Gestik. Sie schauen in die neugierigen Augen Ihres Publikums und erwarten ein Lachen an den richtigen Stellen. Sie spüren die Begeisterung und hören am Ende den verdienten lauten Applaus. Sie nehmen anerken-

nende Blickkontakte und Worte dankend an. Sie sind erfüllt
von dem guten Gefühl eines gelungenen Auftritts und Ihrer
eigenen Meisterleistung.

Die Vorstellung allein reicht aus, um sich selbst in einen guten
Zustand zu bringen. Nutzen Sie diese Erkenntnis, um gezielt positive Emotionen herzustellen. Der Neurowissenschaftler Antonio
Rosa Damasio war einer der Ersten, die dieses Phänomen entdeckt haben. Er ließ seine Versuchsteilnehmer einen grünen Apfel
auf der Leinwand betrachten und zeichnete dabei die Gehirnakti-
vität auf. Anschließend forderte er seine Probanden auf, lediglich
an einen grünen Apfel zu denken. Die Wissenschaftler waren über-
rascht, dass exakt die gleichen Hirnareale farblich markiert und
aktiv waren. Es klingt sehr unwahrscheinlich und trotzdem ist es
in den letzten beiden Jahrzehnten mehrfach durch die Forschung
bewiesen worden: Unser Gehirn kann zwischen Imagination und
Realität nicht unterscheiden. Wer schon einmal einen schlechten
Traum hatte und verschwitzt mit Herzrasen aufgewacht ist, weiß
genau, wie es sich anfühlt, wenn sein Gehirn die nächtliche Bedrohung als Realität empfindet.

Auch Sportler arbeiten im Training gern mit der Methodik der
Zielvisualisierung. Daher kommt der Ausspruch: Gewonnen wird
im Kopf. Sie schlagen keinen Ball, den sie nicht vorher im Kopf
Hunderte Male geschlagen haben. Sie springen über keine Hürde,
die sie nicht gedanklich schon zahlreiche Male übersprungen
haben. Sie erreichen Rekorde und strecken die Fäuste jubelnd in
die Höhe, genau so, wie sie es in ihrem persönlichen Erfolgsfilm
schon mehrere Male gesehen haben.

Wir können uns in einen Zielzustand switchen, der in der
Zukunft liegt, oder uns auf gedankliche Spurensuche in die Vergangenheit begeben. Wir können in Gedanken andere Orte besu-
chen, fremde Situationen erleben und in Geist und Körper eines
anderen schlüpfen. Sicher kennen Sie die Weisheit der Indianer:
„Urteile nicht über einen anderen, bevor du nicht einen Mond lang
in seinen Mokassins gegangen bist."

Es ist die Idee eines Rollentausches, die unsere Fantasie beflü-
gelt und unsere Neugierde anheizt. Wir schlüpfen in eine andere
Person. Hollywood macht sich diese Neugier zu eigen und produziert zahlreiche Filme aus dem Genre „Bodyswitch". Ein Mäd-

chen verkleidet sich als Junge, um in den Fußball-Klub zu kommen. Ein Junge wünscht sich, endlich groß zu sein, und wird über Nacht zum Mann.

In dem Hollywoodstreifen *Freaky Friday* findet sich eine Mutter im Körper der Tochter wieder und umgekehrt. Nach anfänglichem Zoff wachsen die beiden stärker zusammen und entwickeln großes Verständnis für die Situation der anderen. *Switch – die Frau im Manne* handelt von einem Frauenhelden und Chauvinisten, der von seinen Ex-Frauen ermordet wird, jedoch von ganz oben eine zweite Chance erhält. Allerdings als Frau. Auf diese Art und Weise wird der rüde Macho sensibel, feinfühlig und liebenswert. In dem Film „Was Frauen wollen" geht es nicht um einen Körpertausch, doch der ebenfalls chauvinistische Protagonist kann nach einem Unfall mit dem Föhn in der Badewanne plötzlich die Gedanken der Frauen hören.

Die Perspektive einer anderen Person einnehmen zu können spielt im Coaching eine große Rolle. In Gesprächen und in Konfliktsituationen eröffnet es die Möglichkeit, sein Gegenüber besser zu verstehen. Durch das empathische Hineinschlüpfen in den anderen bauen Sie eine Beziehung auf, entwickeln Verständnis und lernen Wertschätzung. Bei der Erstellung Ihres Selbstbildes haben Sie sich auch in verschiedene Rollen geswitcht und Ihre Kindheit neu aufleben lassen oder Ihrer Zielpersönlichkeit Leben eingehaucht.

Fake it till you make it

Es ist ausgesprochen ratsam, sein Gehirn und seine Gedanken vollkommen auf ein neues Ziel einzustimmen. Das bedeutet: Das praktische Tun wird begleitet durch eine regelmäßige Visualisierung. Nehmen wir an, Ihr Ziel ist es, eine gut organisierte und taffe Geschäftsfrau zu sein beziehungsweise ein erfolgreicher Manager mit einem Bomben-Jahresgehalt. Im Moment sind Sie aber noch Student und arbeiten nebenbei im Kiosk. Oder Sie sind ein einfacher Angestellter mit Routine-Aufgaben und ohne Entscheidungsgewalt. Dann lohnt es sich, die „Als-ob-Strategie" einzusetzen. Sie tun so, als hätten Sie bereits Erfolg und verwandeln sich in einen Business-Typen. Sie kleiden sich entsprechend, programmieren Ihren Wortschatz und Ihre Körpersprache auf Erfolg und erweitern

Ihr Netzwerk. Der erste Schritt in diese Richtung ist eine Veränderung Ihrer Geisteshaltung. Sie arbeiten wie ein professioneller Schauspieler und vertiefen sich gedanklich in Ihre neue Rolle. Das ist auch keineswegs gestellt oder fehlende Authentizität, denn Ihr Image gehört zu Ihrer Persönlichkeit dazu. Und Ihr Ziel ist bestenfalls ein für Sie attraktives Ergebnis in der Zukunft, auf das Sie von innen heraus motiviert zulaufen.

Wenn Sie es sich zur Gewohnheit machen, Kontakt mit Ihren vielen Persönlichkeiten aufzunehmen und in andere Rollen zu schlüpfen, werden Sie bald erkennen, wie wichtig es ist, der „Anführer" dieser Horde zu sein. Wir alle haben verschiedene Persönlichkeiten in uns, und solange das neue Gehirn im Frontallappen diese Mannschaft steuert, kann uns nichts Schlimmes passieren. Erst wenn das ICH seine Macht verliert und eine Unterpersönlichkeit Anspruch auf den Thron erhebt, dann wissen Sie, dass Ihre multiple Persönlichkeit auf dem Weg ist, eine handfeste Psychose zu werden. Bestimmt kennen Sie die vielen Begrifflichkeiten vom inneren Kritiker über den kleinen Teufel bis hin zum Schweinehund.

Das gedankliche Formieren einer neuen Rolle – Ihrer individuellen Zielpersönlichkeit – wird ritualisiert und als echt übernommen. "Fake it till you make it", sagen die Amerikaner. Das heißt, erst tun Sie so, als ob Sie schon erfolgreich sind, und später sind Sie es dann. Die Rolle wächst sozusagen mit der eigenen Persönlichkeit zusammen. Wie und in welchem unglaublichen Ausmaß, in diesem Fall negativ, diese Technik funktionieren kann, zeigt auch das bewegende und mehrfach verfilmte Stanford-Prison-Experiment des Psychologen Philip George Zimbardo.

Zimbardo hatte vierundzwanzig seiner College-Studenten in Gefangene und Gefängniswärter aufgeteilt. Es handelte sich um ganz normale und gesunde junge Menschen. Die Aufteilung erfolgte zufällig, niemand wurde für eine bestimmte Rolle präferiert. Der Keller des Universitätsgebäudes wurde kurzerhand in ein Gefängnis verwandelt. Wärter und Gefangene erhielten entsprechende Kleidung und Gegenstände, um optimal in ihre Rolle zu schlüpfen. Ort und Requisiten sollten das Umfeld so realistisch wie eben möglich spiegeln. Dem Experiment wurde eine Zeitdauer von vierzehn Tagen eingeräumt. Nach sechs Tagen musste das Experiment abgebrochen werden.

Durch die der Situation angepasste Umgebung und das entsprechende Erscheinungsbild war es den Studenten gelungen, sich in kürzester Zeit in ihren Rollen zu verlieren. Ich bemerke an dieser Stelle nochmals ausdrücklich: Es handelte sich nicht um professionelle Schauspieler. Umso schockierender wirkt die Tatsache, dass die Studenten den Bezug zur Realität gänzlich verloren hatten und geradezu ausrasteten. Die Gefängniswärter spielten ihre Autorität und Dominanz aus. Niedere Triebe gerieten an die Oberfläche. Brutalität und Sadismus kamen zum Vorschein. Und die Studenten, die als Gefangene agierten, fügten sich meist vorbehaltlos in ihre Opferposition. Sie wurden schwächer und hilfloser. Fühlten sich ausgeliefert und zeigten Ansätze von Depressionen.

Experimente, die Menschen überfordern und an emotionale Grenzen bringen, werden an vielen Universitäten nicht mehr zugelassen. Sie werden als ethisch und moralisch unvertretbar eingeschätzt, da sie die Probanden einer zu großen Drucksituation aussetzen.

Lassen Sie uns dieses Experiment als wertvollen Impuls betrachten, wie wir unser vorhandenes Talent, uns mit genügend Vorstellungskraft in eine Rolle hineinzudenken, zu einer nutzbringenden Kompetenz verwandeln.

Die Psychologin Ellen Jane Langer von der Harvard University hat gemeinsam mit ihrem Forschungsteam 1981 ein ungewöhnliches Experiment gestartet, das „Counterclockwise-Experiment". Acht Männer im Alter von 70 bis über 80 Jahren sind in ein Kloster nach New Hampshire gefahren worden. Ihre Aufgabe bestand darin, in einem fünftägigen Aufenthalt so zu tun, als wenn sie wieder jung wären oder mindestens 22 Jahre jünger als zu diesem Zeitpunkt. Die Umgebung im Kloster wurde entsprechend gestaltet und die Zeit einfach zurückgedreht. Es gab alte Zeitungsausgaben, Filme und Fernsehshows, die 1959 sehr beliebt waren, und die Musik im Radio spielte die angesagten Hits dieser Zeit. Die Männer wurden darüber hinaus dazu angehalten, sich über das aktuelle Tagesgeschehen in Politik und Sport zu unterhalten, von Fidel Castro bis hin zu Mickey Mantle, einem Baseball-Profi. Die Männer zogen sich völlig aus ihrem vertrauten Leben zurück und ließen sich zu 100 Prozent auf das Spiel ein, psychisch und physisch wieder jünger zu sein. Nach Abschluss der fünf Tage wurden verschiedene Messungen durchgeführt und mit denen zu Beginn des Versuchs verglichen. Sie werden es nicht glauben, doch es konnten erhebliche Verbesserungen festgestellt werden. Die Probanden nahmen eine geradere Körperhaltung ein, sie waren beweglicher geworden, sie konnten besser sehen und hören und die Merkfähigkeit war um 63 Prozent gestiegen. Unglaublich. Sie haben so getan als wären sie jünger, in Gedanken und mit Gefühlen und waren tatsächlich wieder jünger geworden.

Bei der Entwicklung der Switch-Kompetenz sind drei Punkte zu berücksichtigen:

1. **Setzen Sie Ihre Gedanken in einem positiven Sinne ein!**
2. **Befeuern Sie Ihre Vorstellungskraft!**
3. **Tun Sie so, als ob! Unterstützen Sie Ihre Wirkung durch Kleidung, Haltung, Verhalten, Mimik, Gestik, Stimme und Sprache!**

Das Switchen oder Reinschlüpfen in verschiedene Rollen wird Ihnen immer besser gelingen, je öfter Sie Ihre Fantasie zum Einsatz bringen. Es stellt eine unglaubliche Bereicherung dar, wenn wir in eine Person oder eine Situation eintauchen. Unser Geist öffnet sich, wir sind inspiriert, wir lernen dazu und wir sehen viele Dinge klarer. Außerdem macht es auch noch Spaß. Es ist ein bisschen wie Theaterspielen, wie Karneval, wie Tagträume oder wie noch mal Kind sein. Erinnern Sie sich noch an die vielen unterschiedlichen Welten, die Sie als Kind betreten haben? Ich weiß, wie mein Bruder, meine Cousine und ich mit einem alten Wecker gespielt haben. Der Wecker war eine Zeitmaschine. Er hat uns in verschiedene Zeitepochen katapultiert und wir erlebten aufregende, gefährliche Abenteuer. Alles war so echt in unserer Fantasie. Da war das Fahrrad ein Pferd. Was heute für die Kinder *Star Wars* ist, war früher der Wilde Westen. Ich habe in meiner Kindheit so manchen Cowboy erschießen müssen und war froh, ein so schnelles Pferd reiten zu können. Haben Sie ähnliche Erinnerungen? Waren Sie vielleicht auch Cowboy? Wir benutzten beim Spielen die gleichen prägnanten Sätze wie unsere Helden aus Comic und Fernsehen und wir hatten auch den gleichen Gang drauf, waren so gekleidet. Zumindest baumelte immer ein imaginärer Colt an uns herum. Wir haben Schusswunden verbunden, die gar nicht da waren. Wir haben am Lagerfeuer gesessen und Bohnen gegessen. Und das klappte sogar ohne Feuer und ohne Bohnen.

Sie sehen, Sie tragen das gesamte Potenzial bereits in sich. Es ist ein Spiel. Sie suggerieren sich selbst, jemand zu sein, der Sie gern sein wollen. Sie sollen keine Maske tragen, um sich vor der Außenwelt zu schützen. Eine solche Maske verkörpert Falschheit, Lüge und Betrug. Sie würden sich selbst betrügen und sich selbst etwas vormachen. Das fantasievolle Gestalten der Realität ist ein persönlicher Wunsch und verschafft Ihnen ein gutes Gefühl. Es ist nicht aus der Not geboren, vielmehr aus dem Spiel und aus der Freude, und es bringt das Gesicht hervor, das in Ihnen angelegt ist. Es ist authentisch. Stellen Sie sich die Fragen: Wer möchte ich sein? Wer bin ich und was kann ich? Wo will ich hin?

Und wenn wir uns mit unseren Zielen beschäftigen, dann beschäftigen wir uns automatisch mit der Zukunft und mit der Frage: Wer will ich sein? Vielleicht wollen Sie ein paar Fremdsprachen mehr sprechen? Oder ein Vermögen anhäufen? Endlich mal einen Fernsehauftritt haben? Als Tennislegende in die Geschichte eingehen?

Was auch immer, Sie brauchen lediglich die passenden Bilder für Ihr Unterbewusstsein.

Spielerisch Ziele erreichen

An dieser Stelle möchte ich Ihnen eine Technik aus dem NLP, dem Neurolinguistischen Programmieren, vorstellen: Das „Modeling of Excellence". Es ist genau genommen der Ursprung des NLP, denn die beiden Begründer Richard Wayne Bandler und John Thomas Grinder haben nichts anderes getan, als die Vorgehensweise erfolgreicher Psychologen und Therapeuten intensiv zu studieren. Sie haben nicht nur geschaut, wie die Fachleute ihr Handwerk machen, viel wichtiger war ihnen, deren Strategie zu lesen und zu erkennen, was diese genau tun. Sie waren weniger an der Ursache interessiert, sondern vielmehr an der Wirkung. Sie wollten erfahren, was genau jemand denken und machen muss, der ebenso eine exzellente Arbeit abliefern will. Und das ist das Geheimnis. Sie suchen sich ein passendes Vorbild und studieren dessen erfolgreiche Handlungen. Die Person, die Sie auswählen werden, hat bereits jede Menge mit Ihrem eigenen Charakter zu tun.

"It's in your guts. Trust your gut", sagte Virginia Satir, was so viel heißen soll wie: Es ist in deinem Inneren. Vertraue auf dein Inneres. (Wörtlich: „Es liegt in deinen Eingeweiden. Vertraue auf dein Bauchgefühl.") Satir war eine erfolgreiche Familientherapeutin, deren methodisches Vorgehen ebenfalls von den beiden NLP-Begründern modelliert wurde.

Es ist gleich, ob Sie jetzt ein Sternekoch, Star-Visagist oder Unternehmer sein wollen. Prüfen Sie: Wen gibt es bereits, der Ihrer Meinung nach einen ganz hervorragenden Job macht? Wen und wessen Leistung bewundern Sie? Was macht diese Person? Was lässt diese Person erfolgreich sein? Was genau unterscheidet sie von den anderen? Rufen Sie sich die Vorbild-Übung aus dem ersten Kapitel zurück ins Gedächtnis. Viele Eigenschaften unseres Vorbilds sind bereits in uns angelegt.

Wenn Sie niemanden finden, der sich für Ihr Modeling eignet, dann ist Ihre Fantasie doppelt gefragt. Denken Sie sich eine Person aus. Entwerfen Sie ein imaginäres Vorbild, das bewundernswerte Eigenschaften und Professionalität verbindet. Kreieren Sie einen eigenen Charakter. Eine Persönlichkeit, mit deren Facetten Sie sich leicht identifizieren können. Es ist Ihr individueller Entwurf und hat sehr viel mit Ihrer eigenen Seele zu tun.

Sie können beim Kreieren dieser imaginären Person wie ein Drehbuchautor vorgehen. Sie erschaffen eine Hauptrolle, die Sie bildlich vor Augen haben, und geben Ihrem Protagonisten all die guten Eigenschaften und Fähigkeiten, die Sie zum Teil bereits besitzen und die Sie noch anstreben.

Dieses Bild von Ihrem idealen ICH begleitet Sie nun auf Schritt und Tritt durch Ihren Erfolgsfilm. Sie spielen in Ihrem eigenen Film die Hauptrolle, genau so, wie Sie es auch in Ihrem Leben tun sollten. Neben dem Hauptdarsteller sind Sie auch der Regisseur und entscheiden selbst, was genau in Ihrem Leben passieren soll. Entscheiden Sie, wer noch mitspielen darf, welche Kulissen eingesetzt werden, welche Handlung der Film haben wird und was am Ende mit dem Hauptdarsteller passiert. Entscheiden Sie, ob Sie es mit einer heiteren Komödie, einem Actionfilm oder einem Drama zu tun haben. Und vergessen Sie dabei nicht: Sie sind zwar der Hauptdarsteller und der Regisseur, aber Sie werden nur diesen einen Film „drehen".

Wechseln Sie häufig die Perspektive, denn nur so können Sie viele unterschiedliche Eindrücke gewinnen, die nötig sind, um die richtige Entscheidung zu treffen. Probieren Sie es aus. Wenn Sie lediglich auf eine Kaffeetasse blicken, dann können Sie diese aus der Froschperspektive oder aus der Vogelsicht betrachten, von nah und fern, von vorn und von hinten oder auch von der Seite. Mal sehen Sie den Henkel und mal nicht. Mal sehen Sie das Motiv und mal nicht. Mal sehen Sie Kaffee in der Tasse und mal nicht. Aber ist es überhaupt Kaffee?

Vielleicht ist es eine Tasse Tee oder ein Karamellpudding oder braun gefärbtes Wasser von der letzten Pinselreinigung.

Es gibt Menschen, die sehen eine Kaffeetasse und würden vielleicht antworten: „Ich sehe den Beginn eines wunderbaren Tages mit einem herzhaften Frühstück auf mich zukommen." Deswegen werden im Coaching häufig Fragen gestellt, die einen in andere Schuhe zaubern. Was würde Ihre Mutter zu dieser Entscheidung sagen? Wie würden wohl Ihre Arbeitskollegen darauf reagieren? Was würden Sie verändern, wenn Sie Zauberkräfte hätten? Was möchten Sie in der Zeitung über sich lesen? Wofür würden Sie gern das Bundesverdienstkreuz, einen Oscar, den Nobelpreis oder eine andere Auszeichnung erhalten?

Eine wunderbare Möglichkeit, seine Ziele zu überprüfen und sich selbst zu motivieren, bietet auch die Disney-Strategie. Walt Disney, der als einer der größten Visionäre der Filmgeschichte gilt und mit der Erschaffung seiner Figuren und Filme viele Menschen begeisterte, hat den Satz geprägt: "All our dreams can come true – if we have the courage to pursue them." („Alle Träume können wahr werden – wenn wir den Mut haben, ihnen zu folgen.")

Er hatte keine einfache Kindheit und er und seine Brüder hatten oft Prügel bezogen. Man erzählt, dass er sich früh in seine Scheinwelt zurückgezogen haben soll. Eine Welt voller Fantasie und Imagination. Er malte und zeichnete schon als Jugendlicher gern. Wir können uns heute gar nicht vorstellen, dass eine Zeitung ihm später einmal gekündigt haben soll mit den Worten, es würde ihm an Vorstellungskraft und originellen Ideen mangeln. Ausgerechnet ihm, dem Meister der Imagination. Doch genau so ist es gewesen. Er hat allerdings nie Zweifel an seiner Idee gehabt und wurde von einem positiven Selbstbild getragen. Das ermöglichte ihm auch, Absagen und Tiefschläge wegzustecken und weiter an seine Träume zu glauben. Er soll über dreihundert Banken angesprochen haben, um seine Idee finanzieren zu können, bevor er endlich einen Zuschlag bekam. Dabei war er überhaupt kein leichtfertiger Geschäftsmann, sondern prüfte alles ganz genau – mit seiner eigenen Strategie. Er entwarf drei Rollen, in die er selbst hineinschlüpfte, um seine Zielsetzung zu überprüfen:

Den Träumer, dem einfach alles möglich erscheint und der mit seiner ganzen Vorstellungskraft eine ganze Welt erschafft.

Den Realisten (Macher), der für das Pragmatische steht, für den Businessplan und die konkrete Umsetzung.

Und den Kritiker, der konstruktive Kritik liefert, Fehlerquellen entdeckt und Fragen stellt.

Walt Disney hat diese Kreativitätsmethode verfeinert, indem er sogar drei unterschiedlich eingerichtete Zimmer zur Prüfung seiner Ideen benutzte. Das Zimmer des Träumers war hell und bunt, geschmückt mit Bildern und Blumen. Im Raum des Realisten stand ein großer Arbeitstisch mit praktischen Materialien. Und das Zimmer des Kritikers war ein klein und nüchtern, ohne jede Ablenkung.

Wenn dieses Modell im Coaching Anwendung findet, gibt es noch eine vierte Position, eine neutrale Ebene, von der aus alle drei Rollen begutachtet und bewertet werden können.

Coach yourself: Die Disney-Strategie

Ziel

Eine Idee und ein Ziel aus unterschiedlichen Perspektiven sehen.

Vorbereitung

Sie brauchen vier Blatt Papier oder Karten, die Sie als Bodenanker nutzen können, und einen Stift. Natürlich können Sie alternativ wie Walt Disney Räume nutzen oder sich die Ecken im Raum entsprechend einrichten.

Dauer

15 bis 60 Minuten, je nachdem wie oft Sie die einzelnen Positionen durchlaufen, bevor Sie von dem Ergebnis profitieren.

Ort

Hauptsache, Sie sind ungestört! Am besten wäre ein ruhiges Zimmer. Sie können diese Übung jedoch genauso gut im Freien absolvieren.

Sinn und Zweck der Übung

Oft haben wir tolle Ideen und sind schnell begeistert. Doch eine gute Idee oder ein Wunsch sind noch lange kein Ziel. Damit Ihr Gedanke zu einem realistischen Ziel werden kann, dessen Erreichung Freude und Erfolg verspricht, lohnt sich eine sachliche und kritische Prüfung im Vorfeld.

Die Disney-Strategie eignet sich hervorragend, um große Ziele und Visionen zu entwickeln. Sie können Sie allein ausprobieren oder mit Vertrauten und Geschäftspartnern, um das Potenzial der ganzen Gruppe zu nutzen. Ihre Mitspieler können dabei wie Sie die einzelnen Felder durchlaufen oder jeweils eine feste Position einnehmen.

Los geht's!

Schreiben Sie jetzt auf Ihre vier Karten die Begriffe: *Meta* für die neutrale Ebene, sowie *Träumer*, *Macher* und *Kritiker* und verteilen diese im Raum.

Sie können sich, bevor Sie loslegen, erst einmal auf jede einzelne Karte stellen und die jeweilige Position proben. Bei dem Träumer erinnern Sie sich an eine unkonventionelle Idee oder einen gewagten Plan. Auf der Karte des Machers denken Sie darüber nach, was Sie bereits in konkrete Umsetzung gebracht haben. Und wenn Sie bei dem Kritiker sind, dann fallen Ihnen bestimmt Situationen ein, bei denen Sie nachdenklich, skeptisch oder nachfragend waren.

Schritt 1

Starten Sie nun auf der Metaebene und formulieren Sie kurz Ihren Gedanken.

Schritt 2

Jetzt wandern Sie weiter zum Träumer. Hier können Sie nach allen Regeln der Kunst Begeisterung zeigen und schwärmen. Sie dürfen schöne Bilder malen. Alles ist möglich. Spinnen Sie einfach herum. Keine Idee ist zu verrückt. Lassen Sie Ihrer Fantasie freien Lauf.

Schritt 3
Dann gehen Sie weiter und stellen sich auf die Karte des Machers. Jetzt switchen Sie um. Keine Träumereien mehr. Knallharte Fakten sind gefragt. Was muss noch gemacht werden? Was brauchen Sie? Menschen, Wissen, Technik, Geld? Wie muss vorgegangen werden? Die Idee wird auf Herz und Nieren sachlich geprüft, bevor sie an den Kritiker weitergeleitet wird.

Schritt 4
Gehen Sie in einem nächsten Schritt zu dem Kritiker. Hier stellen Sie weitere Fragen. Was ist vielleicht übersehen worden? Was könnte verbessert werden? Wie sinnvoll ist die ganze Sache? Welche Chancen und Risiken sehen Sie?
Zurück auf der Metaebene tragen Sie die wichtigsten Erkenntnisse zusammen und notieren diese kurz. Jetzt liegt es an Ihnen zu entscheiden, ob ein weiterer Durchgang sinnvoll ist.

Sich selbst in einen guten Zustand bringen

Sie haben jetzt gelernt, wie wichtig es ist, ein bewegliches und positives Selbstbild zu haben. Sie wissen um die Bedeutung einer positiven Erwartungshaltung. Sie können positive Gedanken trainieren, die Ihnen gute Gefühle garantieren und die sich auch auf Ihren Körper auswirken. Sie können sich gezielt selbstständig in einen guten Zustand bringen, indem Sie sich Selbstvertrauen und Erfolg suggerieren.

Es spielt keine Rolle, ob Sie ein Bewerbungs- oder Verkaufsgespräch führen, ob Sie Ihren Schwarm ansprechen oder eine wichtige Präsentation halten wollen, es gibt nur eine wichtige Regel: Alle negativen Gedanken, wie Angst, Lampenfieber und Selbstzweifel, lassen Sie vorbeifliegen. Konzentrieren Sie sich auf die anstehenden Ereignisse, und sehen Sie diese in einem hellen und positiven Licht.

„Wenn die Vögel der Sorgen und Probleme dich umkreisen, dann lass sie an dir vorbeiziehen und sieh zu, dass sie keine Nester bauen!" (Indianisches Sprichwort)

Nehmen wir ein konkretes Beispiel: Sie stehen vor einem wichtigen Gespräch mit Ihrem Vorgesetzten. Sie wollen um eine Gehaltserhöhung bitten. Ihr altes ICH hätte vielleicht Folgendes gedacht: „Eigentlich mache ich meine Arbeit doch gut. Dabei verdiene ich gar nicht so viel Geld. Ich sollte vielleicht mal mit meinem Chef sprechen. Aber wie? Und was soll ich ihm sagen? Der weiß vielleicht gar nicht, wer ich bin. Bestimmt kriege ich kein Wort raus. Der ist immer so dominant. Vielleicht findet er meine Arbeit gar nicht so gut. Oder meine Frage womöglich unverschämt. Meinen Job könnten natürlich auch andere machen. Ich bin ja nichts Besonderes. Eigentlich kann ich nichts richtig gut. Wenn ich mich allzu sehr aus dem Fenster lehne, dann setzt der mich nachher noch an die frische Luft. Dann bin ich meinen Job los. Ich glaub, ich lass es lieber."

Während Ihr altes ICH denkt, fühlen Sie ein graues und düsteres Szenario, aus dem Sie nicht als Sieger hervorgehen. Sie fühlen sich klein, weil Sie sich klein gedacht haben. Ihr Herz schlägt vielleicht etwas schneller und die negative Stimmung bedrückt Sie. Bedrückung macht kleiner. So, als würden Sie von einer imaginären Kraft zusammengestaucht werden.

Lassen Sie uns schauen, wie Ihr neues ICH vorgeht. Zuallererst haben Sie Ihre Potenziale, Erfolge und Kernkompetenzen gesammelt. Auch die passenden Referenzerlebnisse haben Sie parat. Jetzt bereiten Sie sich rein sachlich auf das Gespräch vor, indem Sie entscheiden, welche Argumente Sie konkret wählen und wie Sie bei entsprechenden Einwänden reagieren werden. Eine gute Vorbereitung ist wichtig, da sie Ihnen Selbstvertrauen und Selbstsicherheit verschafft.

Außerdem können Sie im Vorfeld einen hilfreichen Anker setzen und den gewünschten Zielzustand visualisieren. Überlegen Sie sich vorher genau, welches Gefühl auf Abruf in dieser herausfordernden Situation Ihnen nützlich wäre. Vielleicht sind es Energie, Gelassenheit oder Souveränität. Schauen Sie in Ihren Lebenslauf, bei welcher Gelegenheit Sie dieses Gefühl bereits hatten, und erleben Sie es intensiv noch einmal. Verankern Sie dieses Gefühl.

Jetzt visualisieren Sie einen optimalen Gesprächsablauf. Malen Sie ein großes Bild, hell, bunt und freundlich. Stellen Sie sich genau vor, wie Sie professionell und mit großem Charme das Gespräch führen. Sehen Sie Ihre souveräne Körperhaltung und lauschen Sie Ihrer Wortgewandtheit. Sehen Sie Ihren Chef, der von Ihrer Ausstrahlung angetan ist und jedes Argument mit wohlwollender Mimik annimmt. Spüren Sie Ihren Erfolg. Wenn Sie hier merken, dass irgendetwas nicht flüssig ist und unecht wirkt, dann bereiten Sie sich besser vor. Ihre Vorstellung darf nicht unrealistisch sein. Sie müssen es für machbar halten. Schließlich wollen Sie sich nicht selbst veräppeln, sondern Ihre Qualifikationen bestmöglich zum Ausdruck bringen.

In der Vorbereitung auf das Gespräch helfen auch Entspannungstechniken und die Übung mit dem Energiestrahl, der Ihnen von innen heraus Klarheit und Kraft gibt.

Wenn Sie Ihre Worte zurechtlegen, denken Sie bitte auch an das positive Vokabular. Streichen Sie alle Konjunktive und Wischiwaschiwörter wie *vielleicht*, *relativ* und *eigentlich* aus Ihrem aktiven Wortschatz heraus.

So wird Ihr neues ICH authentisch und souverän in das Verhandlungsgespräch gehen. Die richtigen Gedanken werden Sie bereits in einen guten körperlichen Zustand versetzen.

Wie Sie dem Stress aktiv entgegenwirken und was Sie körperlich unternehmen können, um gute Gedanken und Gefühle zu produzieren, werden Sie im nächsten Kapitel erfahren.

Schritt 3

Wie Sie sich Ihres Körpers bewusst werden und Körpergefühl entwickeln

Embodiment – Die unglaubliche Wechselwirkung von Körper und Geist

Sie können nicht nur mithilfe Ihrer Gedanken Ihren gefühlten körperlichen Zustand verändern, sondern auch mit Ihrem körperlichen Zustand Ihre Gedankenwelt beeinflussen. Mimik, Gestik und Körperhaltung haben unmittelbare Auswirkungen auf kognitive Vorgänge wie Einstellung, Urteile und Emotionen.

Hier ein Beispiel, damit Sie verstehen, wie es funktioniert: Stellen Sie sich vor, Sie sind frisch verliebt und denken zurück an dieses wunderschöne Date, bei dem Ihre Verabredung Sie zärtlich angesehen und heiß mit Ihnen geflirtet hat. Vielleicht riechen Sie noch ihr oder sein Parfum oder hören dieses warme Lachen, vielleicht schmecken Sie sogar den süßen Schaum des Cappuccinos, der bei Ihrem ersten Kuss leicht an ihren oder seinen Lippen perlte. Während Sie daran denken, sehen Sie auf keinen Fall böse oder missmutig aus. Wahrscheinlich sind Ihre Gesichtszüge ganz entspannt und ich könnte mir sogar ein Lächeln vorstellen. Und das liegt daran, dass Sie sich einfach gut fühlen. Jedes Mal, wenn Sie einen schönen Gedanken haben, haben Sie auch ein gutes Gefühl, und das spiegelt sich in Ihrem Gesicht und an Ihrem Körper wider.

Und wissen Sie, was die ganze Sache noch viel besser macht? Es geht auch umgekehrt, auch mit dem Verlieben. Dazu erfahren Sie im Laufe des Kapitels noch mehr.

„Wenn du eine bestimmte Eigenschaft haben willst, handle so, als ob du sie schon hättest." (William James)

Es ist etwas über hundert Jahre her, da revolutionierte der Philosoph und Mitbegründer der wissenschaftlichen Psychologie in Amerika, William James, die gesamte psychologische Szene. Er war der Ansicht, dass es keinen großen Sinn hat, sein Denken zu verändern oder positive Gedanken zu kultivieren. Man sollte direkt ins Handeln kommen, seine Körperhaltung verändern und seine Mimik und Gestik bewusst steuern. Er war überzeugt davon, alle Ziele von der Angstvermeidung bis zur Partnerfindung durch diese Technik erreichen zu können. Weltweit haben sich bis heute Forscher mit seinen Thesen auseinandergesetzt und sind zu erstaunlichen Ergebnissen gekommen.

Nehmen wir an, Sie wollen abnehmen, aber durch Ihren Kopf geistern die appetitlichsten Bilder von Schokolade, Chips oder Gummibärchen. Dann sollten Sie umgehend handeln. Essen Sie einen Apfel, eine Möhre oder ein paar Rosinen.

Sollten Sie sich traurig und niedergeschlagen fühlen und sich nach Heiterkeit und Freude sehnen, dann handeln Sie. Legen Sie Gute-Laune-Musik auf und tanzen Sie durch die Wohnung.

Wenn Sie eine Situation oder ein Gefühl verändern wollen, bietet es sich an, den Prozess von zwei Seiten aus zu optimieren. Durch die eigene Gedankenkraft und durch unmittelbares Handeln. Sie können mit Ihren Gedanken Ihren gefühlten körperlichen Zustand verändern und Sie können andersherum durch Ihren Körper und seine Ausdrucksweise Einfluss auf Ihre Gedankenwelt nehmen.

Wenn Sie sich jetzt einen Stift zwischen die Lippen klemmen, dann aktivieren Sie einen Muskel mit dem lustigen Namen *orbicularis oris*. Dieser wiederum verhindert die Aktivierung des *zygomaticus major*, das ist der wichtige Muskel, der für Ihr Lächeln zuständig ist. Jetzt nehmen Sie den Stift und halten diesen mit Ihren Zähnen. Sieht ein bisschen blöd aus, ist aber hochwirksam, denn so aktivieren Sie den Muskel, der Sie zum Lächeln bringt. Psychologen haben hier mehrere Versuchsreihen gestartet, und in der Tat ist es so, dass Menschen, die einen Stift eine ganze Zeit lang zwischen ihren Zähnen halten, einen Film als lustiger empfinden als Menschen, die einen Stift zwischen ihren Lippen halten. 1988 führten die Psychologen Fritz Strack, Leonard L. Martin und Sabine Stepper einen Versuch durch, die sogenannte ,Pen-Study', die den Zusammenhang zwischen einer aktiven Gesichtsmuskulatur und Emotion deutlich machte. Sie wollten damit die „Facial-Feedback-Hypothese" überprüfen.

Der amerikanische Psychologe Paul Ekman ist mit einem Kollegen bei der Messung von Gesichtsausdrücken zufällig auf folgendes Phänomen gestoßen: Sie veränderten ihre Gesichtsausdrücke, probierten viele tausend verschiedene Ausdrücke aus und nahmen diese auf Video auf. Dabei stellten beide fest, dass sie mit Veränderung des Gesichtsausdrucks jedes Mal eine starke Emotion hatten. Auf die negativen Gesichtsausdrücke folgten eine Reihe negativer Gefühle. Bei überwiegend positiven Gesichtsausdrücken empfanden sie entsprechend positive Emotionen. Das heißt, wenn Sie Ihre Gesichtsmuskeln häufiger aktivieren, um einen positiven Ausdruck zu bekommen, dann werden Sie sich auch besser fühlen. Probieren Sie es doch aus: Augenbrauen hochziehen, Mundwinkel nach oben bringen und lächeln. Sie können – wie in der Studie von Fritz Strack beschrieben – auch einen Stift zwischen die Lippen nehmen. Das geht übrigens auch mit Kopfschütteln und Kopfnicken. Wenn Sie unsicher sind, aber unbedingt einer Sache zustimmen wollen, dann versuchen Sie vorher eine Zeit lang mit dem Kopf zu nicken, und Sie werden beherzt „Ja" sagen. Schütteln Sie vorher Ihren Kopf, ist allerdings mehr ein Veto zu erwarten.

In Coaching- und Trainerkreisen werden gern körperliche Aktivitäten eingesetzt, um ein positives Gefühl zu erlangen und sich in einen guten Zustand zu versetzen. Da ist zum Beispiel Bettina, die trotz positiver Gedanken meist übel gelaunt und lustlos in den Tag startete. Bis sie die fantastische Idee hatte, es andersherum zu probieren. Sprich, erst den Körper in Bewegung zu setzen und dann die Gedanken. Sie ging los und kaufte sich ein kleines, rundes Heimtrampolin. Passt in jede Ecke, macht keine Geräusche und man kann den ganzen Tag lustig darauf rumhüpfen. Und genau das hat Bettina gemacht. Bevor sich der erste miesmuffelige Gedanke in ihrem Kopf festsetzen konnte, stand Bettina schon auf dem Minitrampolin und hüpfte wie ein Flummi auf und ab. Je mehr und je höher sie hüpfte, desto mehr hüpften alle Körperteile mit ihr. Schließlich hüpften auch ihre Mundwinkel ganz nach oben, um diesen wunderschönen Morgen willkommen zu heißen. „Ins Glück hüpfen" nennt sich das. Probieren Sie es mal aus. Es ist mittlerweile auch ein Trend in den Fitnessstudios: Fitness-Jumping, das bis zu 400 Muskeln trainieren soll, glücklich macht und Stress reduziert.

Die Gedanken spielen immer eine Rolle, denn es liegt schließlich an uns, wie wir ein Verhalten des Körpers interpretieren. Nehmen wir zum Beispiel das Herzklopfen: Unser Herz kann klopfen, wenn wir Angst haben, aber auch, wenn wir verliebt sind. Die großen Dichter und Denker, Romantiker und Schauspieler sind sich alle einig: Wenn wir verliebt sind, haben wir Herzklopfen. Geht das auch umgekehrt? Wenn unser Herz wild klopft, verlieben wir uns dann schneller?

Als ich 18 Jahre alt war, kannte ich einen jungen Mann mit roten Haaren, einer Brille und Sommersprossen. Wir nannten ihn liebevoll „Rotbarsch", allerdings nur, wenn er nicht dabei war. Er war ein guter Typ, schon sehr erwachsen und verantwortungsbewusst, aber damals irgendwie nicht cool genug, um ihn als festen Freund in Erwägung zu ziehen. Rotbarsch hatte ein Motorrad, eine richtig schwere Maschine mit jeder Menge PS unter dem Sattel. Er trug dann einen weiß-roten Lederanzug und dazu Motorradstiefel mit Metallschnallen. Ab und zu machten wir zwei eine kleine Tour ins Grüne. Ich hatte eine Schwäche für dicke Maschinen.

Ich erinnere mich an einen Abend, an dem wir über die Autobahn gebrettert sind, mit guten 220 Stundenkilometern und gefühlter Lichtgeschwindigkeit. Ich umklammerte ihn fest, presste meine Brust an seinen Lederrücken, spürte die schweren Vibrationen des Motors zwischen den Beinen und wusste genau, wenn ich mich jetzt ein Stückchen nach links oder rechts drehe, dann pustet mich dieser gewaltige Fahrtwind einfach wie ein Blättchen vom Baum. Es war ein wahnsinniges Gefühl, mir schlug das Herz bis zum Hals und in den Ohren. Ich hatte Angst. Verspürte aber auch ein Kribbeln. Er war so stark. So unnahbar. Ich war irgendwie verliebt.

Die Psychologen Donald Dutton und Arthur Aron liefern hierzu einen wissenschaftlichen Beweis. Sie ließen über den reißenden Capilano-Fluss in British Columbia zwei Brücken anbringen. Am Ende der Brücken wartete jeweils eine Versuchsleiterin, die mit den Männern über ihre Arbeit im Allgemeinen plaudern und am Ende ihre Telefonnummer anbieten sollte, falls jemand mehr über das Projekt erfahren wollte.

Eine Brücke schwankte etwa 70 Meter über den Felsen bedenklich im Wind, während die andere viel weiter unten solide gebaut und fest installiert worden war. Die Männer, die die hohe, gefährliche Brücke überquerten, hatten eine viel höhere Herzfrequenz als die anderen. Und das Lustige an der Sache: Sie brachten ihren erhöhten Herzschlag mit der Versuchsleiterin in Verbindung und nicht mit der Brücke.

Wenn Sie also möchten, dass sich jemand in Sie verliebt, dann gehen Sie auf keinen Fall im Park spazieren oder schauen sich gemeinsam *Winnie Puuh* im Kino an. Wenn Sie sich für Kino entscheiden, schauen Sie nur Filme, in denen ein Schreck den anderen jagt, oder fahren Sie direkt Achterbahn. Oder Sie machen es wie meine Freundin Katja und nehmen Ihre Verabredung einfach nur im Auto mit. Bei ihren Fahrkünsten kann ich gut verstehen, wenn das ein oder andere Herz anfängt zu rasen und zu stolpern. Eine Autofahrt mit ihr ist ein Garant für Herzklopfen und schnelles Verlieben.

Bitte tun Sie mir den Gefallen und nehmen diesen Tipp mit einem kleinen Augenzwinkern an – ich möchte nicht dafür verantwortlich sein, dass Sie bei Ihrem nächsten Rendezvous aus dem Flugzeug springen oder mit Ihrem Herzblatt in Kambodscha Minen entschärfen.

Sobald ich übrigens nicht mehr auf dem Motorrad saß und Rotbarschs Lederkluft im Schrank hing, war der Zauber dahin. Diese Intervention war nicht nachhaltig genug, würde man in Fachkreisen sagen. Wenn Sie also mehr als eine sekundenschnelle Verliebtheit wollen, dann müssen Sie sich öfter in Gefahr begeben.

Wie der Körper den Geist beeinflussen kann

Der berühmte Körpersprachenexperte Samy Molcho hat einmal gesagt, dass der Körper der Handschuh der Seele ist. Und in der Tat ist es so, dass Körper und Geist nicht voneinander zu trennen sind. Jedes Mal, wenn Sie eine bestimmte Körperhaltung einnehmen, haben Sie ein Gefühl, das einen logischen Folgegedanken auslöst. Sicher kennen Sie diese Übung, die auch gern mit Kindern praktiziert wird, in der sie sich körperlich ganz krumm, schlaff und klein machen. Aus dieser Körperhaltung heraus ein starkes Gefühl zu entwickeln ist unmöglich. Eine kräftige und souveräne Stimmlage anzuschlagen und laut und deutlich zu rufen: „Ich bin stark!", ist ebenso schwer vorstellbar. Eine gerade und aufrechte Körperhaltung, ein fester Stand, mit zurückgenommenen Schultern und angehobenem Kopf ist eine gute Voraussetzung für ein selbstsicheres Gefühl und einen von sich selbst überzeugten Gedanken.

Ich bin kein Freund von einstudierten körpersprachlichen Elementen, nur um gezielt eine Wirkung zu erreichen. Ich bin überzeugt davon, dass ein positives Selbstbild und ein mentales Training gute Grundlagen sind, um sinnvolle Körpergesten und Mimik zu lernen und einzusetzen. Was ich in meinem Inneren bereits spüre, lässt sich dann natürlicher in eine Körperhaltung verwandeln. Das heißt, dass eine mich selbst und andere überzeugende Körpersprache dann nützlich ist, wenn sie mit meinen Stärken und Zielen konform geht.

Eine selbstbewusste Körpersprache wirkt auf andere Menschen attraktiv und charismatisch. Das Umfeld nimmt in Bruchteilen von Sekunden eine Person entweder als selbstsicher, nervös, verschämt, schüchtern oder unsicher wahr. Ein erster Eindruck soll nach Meinung von Körpersprachenexperten bereits innerhalb eines Zeitraums von 150 Millisekunden bis 3 Sekunden entstehen, also unglaublich schnell. Und Sie wissen, für einen ersten Eindruck gibt es keine zweite Chance. Ruckzuck hat Ihr Gegenüber Sie in eine Schublade gesteckt, aus der Sie, wenn Sie einmal dort gelandet sind, nur schwer wieder hervorklettern können.

Doch was macht eine selbstbewusste Körpersprache aus? Zuallererst können Sie auf den Automatismus vertrauen, dass sich Ihre innere Haltung nach außen spiegeln wird. Wenn Sie Ihr Selbstbild gefördert und mentale Stärke aufgebaut haben, genießen Sie hier einen wertvollen Vorsprung. Darüber hinaus können Sie Ihren Körper rein sportlich gesehen in Form halten, denn ein trainierter Körper bewegt sich automatisch selbstsicherer. Das können Sie besonders an Sportlern beobachten, oder haben Sie schon einmal einen Fußballer mit eingezogenem Kopf und gebückter Körperhaltung über den Rasen laufen sehen? Denken Sie bei den Klitschko-Brüdern an arme Würstchen? Oder bei Formel-1-Rennfahrern an schlaffe Säcke? Natürlich können Sie jetzt denken, dass die selbstbewusste Körperhaltung entstanden ist, weil es zudem sehr erfolgreiche Menschen sind. Doch auch hier sind der Gedanke von Ganzheitlichkeit und das Wechselspiel zwischen Körper und Seele die ausschlaggebenden Faktoren für einen souveränen Auftritt.

Eine Marktforschungsstudie im Auftrag des Sportartikelherstellers Nike unter 10 000 Frauen aus neun europäischen Ländern kam zu einem bestätigenden Ergebnis: Die Mehrzahl der Frauen fühlt sich stärker, selbstbewusster und attraktiver durch die Bewegung. Natürlich dürfen auch sportliche Aktivitäten nicht übertrieben werden, denn sobald die Schultern schmerzen und wir verkrampft wirken oder das Knie wehtut und wir durch die Gegend humpeln, ist die positive Wirkung dahin. Auch Menschen, die sich ständig überfordern und verkniffene Gesichtszüge durch ihr Streben nach Perfektion entwickeln, schießen in Sachen selbstbewusste Ausstrahlung eher am Ziel vorbei. Doch was können Sie konkret tun, um Ihren Körper den angestrebten Zielen entsprechend gut aufzustellen? Zuallererst entspannen Sie sich. Versuchen Sie auf keinen Fall, sich dem Selbstoptimierungswahn einer ständig abgehetzten Gesellschaft anzupassen. Durchleuchten Sie nochmals Ihr Selbstbild und schauen genau hin, wo Ihre individuellen körperlichen Interessen liegen.

Zwei Anregungen möchte ich Ihnen trotzdem mitgeben. Erstens: Gehen Sie an der frischen Luft spazieren. Atmen Sie die frische Energie tief ein und lassen Sie alles Alte und Verbrauchte wieder raus. Sorgen Sie für eine gute Durchblutung, vor allem in Ihrem Gehirn, denn hier bahnen sich Ihre positiven Gedanken einen neuen Weg im neuronalen Dschungel. Und zweitens: Stabilisieren Sie Ihre Körpermitte. Hier steckt Ihre Urkraft. Hier entscheidet sich, ob Sie krummen oder aufrechten Schrittes gehen werden. Eine gut trainierte Bauchmuskulatur verhindert Rückenschmerzen und signalisiert Ihrem Kopf Stärke und Widerstandskraft. Wenn die Mitte stark ist, dann wird Sie nichts so leicht aus den Socken hauen. Je regelmäßiger Sie es tun können, desto besser ist es.

Lassen Sie uns jetzt nochmal der Frage nachgehen, wie Sie möglichst schnell in einen Zustand voller Zuversicht und Selbstvertrauen gelangen. Wie Sie aus dem vorherigen Kapitel erfahren haben, können Sie auf Ihre Stärken vertrauen, an geliebte Menschen oder an schöne Situationen denken. Sie können alternativ auch mental einen Energiestrahl durch Ihren Körper leiten. Bei manchen Menschen kann jedoch die Stimmung so gedrückt sein, dass selbst der Körper durch diese Last erdrückt wird. Die Knochen werden zusammengepresst, die Muskulatur arbeitet angestrengt und die Atmung wird flach. Der ganze Mensch sieht dann krumm, klein und schlaff aus. Er lässt sich hängen. Seine Gliedmaßen, seine Haut und seine Mundwinkel. Er pfeift aus dem letzten Loch. Er geht in die Breite. Er atmet schwer. Er ist traurig, hoffnungslos und deprimiert. Wie Sie sich sicher denken können, erzeugen solche Gefühlsstimmungen auch körperliche Symptome. Von Gelenkproblemen über Nackenverspannungen bis hin zu Asthma – alles ist möglich.

Um jetzt eine selbstbewusste Körperhaltung zu erlangen, können Sie Ihr ganz persönliches Glücksembodiment einsetzen. Bei meiner Arbeit mit Kindern habe ich ihnen immer gesagt: Trage eine Krone auf dem Kopf und eine Erbse zwischen den Pobacken. Glauben Sie mir, das wirkt. Bei dieser Art von Embodiment geht es darum, dass Sie Ihr Becken und die Wirbelsäule aufrichten und sich ganz weit nach oben strecken. Werden Sie größer. Wachsen Sie. Je mehr Sie sich zum Himmel strecken, umso leichter werden Ihre Gedanken. Lassen Sie Ihren Kopf bis zur Decke ragen und spüren Sie das Gefühl, wieder einen Hals zu haben. Fühlen Sie die Entspannung in Ihren Schultern. Nichts hängt mehr, selbst die Gesichtszüge passen sich dem neuen Gefühl an. Hier oben bekommen Sie auch viel besser Luft. Energie durchflutet Ihren gedehnten Körper. So haben Sie genau die Körperhaltung, die mit einem guten Gefühl konditioniert ist.

Benita Cantieni beschreibt, wie gesundes Embodiment selbst gemacht wird. Sie ist Expertin für diese Art von Haltung und Körperformen. Als junge Frau hat sie selbst unter einer Skoliose gelitten, und traurige und ängstliche Gedanken sind ihr auch nicht fremd. Bei Selbstversuchen zusammen mit der Psychologin Maja Storch ist diese Wechselwirkung zwischen Körper und Geist sogar thermografisch sichtbar gemacht worden. Man sieht einen Rücken, der bei negativer Stimmung blaue und grüne Farben aufzeigt, also wenig Wärmetransport und wenig Durchblutung aufweist. Die Thermografie während der positiven Haltung zeigt ein völlig anderes Bild: Im Bereich der Wirbelsäule sehen wir gut und gleichmäßig verteilt viel Gelb und Orange.

Bedenklich und besorgniserregend ist es, wenn die negative Stimmung eine permanent negative Haltung zur Folge hat. Diese kann Ihnen ganz schnell zur Gewohnheit werden, und das führt automatisch zu chronischen Beschwerden wie Kopfschmerzen, Rückenschmerzen oder gravierenden Veränderungen an Knochen und Gelenken.

Ohne Sie entmutigen zu wollen, kann ich wohl davon ausgehen, dass Ihre Körperhaltung wie die der meisten Menschen – und ich möchte mich da nicht ausnehmen – durchaus die eine oder andere positive Veränderung erfahren darf. Ich möchte Ihnen an dieser Stelle kein Fitness-Übungskonzept unterbreiten, sondern Sie vielmehr dafür sensibilisieren, worauf es bei dieser Art von Training ankommt. Die Atmung spielt eine außergewöhnlich wichtige Rolle. Die meisten Menschen atmen in ihrem routinierten Alltag eher flach. Sie machen kleine Atemzüge und je nach Tätigkeit sind diese auch noch viel zu schnell. Ein sinnvolles Atmen ist ein bewusstes Atmen. Das können Sie lernen. Meist wird tief ein- und ausgeatmet und zeitgleich werden Bilder visualisiert. Nehmen Sie einen tiefen Atemzug, bei dem Sie sich vorstellen, dass die Luft vom Becken die Wirbelsäule hochzieht und quasi am Kopfende wieder ausgeatmet wird. Während dieser Vorstellung richten Sie gleichzeitig Ihren Oberkörper auf und stellen sich vor, wie sich alles dehnt und nach oben wächst. Ihr Körper wird größer und stärker. Ihre Blutgefäße weiten sich und das Blut hat freie Bahn, selbst die kleinsten Zellen mit frischer Energie zu versorgen.

Das Embodiment – oder auch Verkörperung genannt – kann Ihnen durch körperlichen Einsatz helfen, Ihre Gefühlslage zum Positiven zu verändern. Und genau das wird auch passieren. Sie sollten nur die gleiche Geduld und Regelmäßigkeit mitbringen, die Sie bereits beim Gedankenmanagement investiert haben.

Power-Posen und starke Gefühle

Eine selbstbewusste Körperhaltung beeinflusst Ihr Denken über sich selbst genauso wie das Denken der anderen. Sie kennen das sicher auch, wenn eine Person einen Raum betritt und allein durch ihre Körperhaltung einen gewissen Glanz und Souveränität ausstrahlt. Und umgekehrt geht es natürlich auch, dass wir ein unangenehmes Gefühl entwickeln bei der Begegnung mit einem Menschen oder Ablehnung spüren aufgrund einer speziellen Mimik und Körpersprache.

Wir haben immer eine Außenwirkung, ob wir etwas sagen oder nicht. Ende der 1960er-Jahre führte der amerikanische Psychologe Professor Albert Mehrabian an der University of California mehrere Studien zur nonverbalen Kommunikation durch und entdeckte die „7-38-55-Regel". Er kam zu dem Ergebnis, dass die Glaubwürdigkeit einer Aussage vor allem durch die Körpersprache und die Stimme bestärkt wird. Mimik, Gestik und Körperhaltung wirken zu 55 Prozent, die Stimme und Tonlage zu 38 Prozent. Der inhaltliche Aspekt wirkt mit 7 Prozent sehr klein und erfährt seine Bedeutung unter anderem durch körpersprachliche Aspekte.

Die Sozialpsychologin Amy Cuddy von der Harvard Business School hat in einer interessanten Versuchsreihe feststellen können, dass uns sogenannte Power-Posen oder auch Macht-Posen nicht nur selbstbewusster wirken lassen, sondern wir uns auch viel stärker und selbstsicherer fühlen. Eine Power-Pose strahlt Kraft und Sicherheit aus. Es ist eine häufig maskulin betonte Körperhaltung oder auch eine typische Geste, die Menschen im Moment des Sieges machen – die Pose des Gewinners. So sollte man zum Beispiel mit beiden Beinen fest auf dem Boden stehen, Körper und Kopf gerade, den Blick nach vorn gerichtet und die Hände fest an die Hüften gestemmt oder die Arme kraftvoll nach oben gestreckt. Auch die gelassene Körperhaltung, Arme hinter dem Kopf verschränkt und Beine gekreuzt auf dem Tisch liegend, so ähnlich wie es der Firmenboss in einem Hollywoodstreifen auf seinem Chefsessel machen würde, bringt entsprechenden Erfolg. Eine weitere Power-Geste, die Sie hinter einem Tisch stehend einnehmen können, ist die kraftvolle Haltung eines Gorillas. Sie stemmen Ihre Fäuste auf den Tisch, lassen die Arme durchgestreckt und verlagern Ihr Gewicht nach vorn. Probieren Sie es aus, Sie werden sofort merken, welche Macht von der imposanten Haltung des Silberrückens ausgeht.

Was genau passiert, wenn wir solch eine Power-Pose einnehmen? Exakt zwei Dinge: Unser Cortisolspiegel sinkt und unser Testosteronspiegel steigt. Cortisol ist das Stresshormon, das uns nervös und ängstlich wirken lässt. Testosteron gibt uns Power, verleiht uns eine dynamische und aktive Ausstrahlung und macht uns durchsetzungsstark. Daraufhin werden wir von anderen Menschen als kompetenter und souveräner wahrgenommen, was die Studien von Amy Cuddy bestätigt haben. Zweitens setzen wir eine Wechselwirkung in Gang, denn dadurch, dass wir von anderen als selbstsicherer eingeschätzt werden, strahlen wir noch mehr Sicherheit und Selbstvertrauen aus. Die Auswertungen von Amy Cuddy ergaben, dass bereits zwei Minuten Power-Posing ausreichen, um in einem folgenden Gespräch, einer Prüfung oder bei einer anderen Herausforderung zu glänzen. Sie können in einem entsprechenden Filmausschnitt auf der TED-Plattform, einem erfolgreichen Internet-Format, auf dem Vorträge als Kurzfilm präsentiert werden, oder bei YouTube diese wirksamen Posen genauer studieren. Probieren Sie es einfach aus, verkehrt machen können Sie da gar nichts. Wenn Ihnen eine solche Übung vor den Augen anderer peinlich ist, posieren Sie heimlich auf der Toilette oder im Aufzug, überall da, wo Sie sich unbeobachtet fühlen.

Sobald wir in einer Stresssituation sind, erfolgt eine vermehrte Ausschüttung des Stresshormons Cortisol. Dem Körper wird signalisiert, dass er in Gefahr ist. Sowohl die Testosteron- als auch die Serotoninproduktion werden hiervon negativ beeinflusst. Ein dauerhaft hoher Cortisolspiegel schwächt die Immunabwehr. Wer jedoch ausreichend über Testosteron verfügt, ist entschlossen, dynamisch, mutig, handlungsfreudig, durchsetzungsstark und risikobereit. Wussten Sie, dass Männer nach der Pubertät ungefähr zehnmal so viel Testosteron durch ihren Körper schleusen wie Frauen? Man nennt es auch das Hormon der Gewinner. Vielleicht ist das ein Grund dafür, warum Männer erfolgreicher die Karriereleiter hochklettern als Frauen. Warum sie sich oft besser positionieren, verkaufen und durchsetzen können. Zu viel darf es natürlich auch nicht sein, denn dann gehen Empathie, Vorsicht, Rücksicht und gesunder Menschenverstand verloren. Testosteron spielt eine ganz entscheidende Rolle, sowohl hinsichtlich unseres Selbstbewusstseins als auch unseres Wohlbefindens. Die Symptome bei einem Testosteronmangel ähneln denen eines Burnouts, wie Müdigkeit, Kraftlosigkeit, Antriebslosigkeit und Schlafstörungen.

Vor einigen Jahren bat mich eine Mutter um Unterstützung, ihren 16-jährigen Sohn in seinem Selbstbewusstsein zu stärken. „Er ist ein richtiges Riesenbaby", sagte sie, „er ist viel zu lieb, kann sich nicht durchsetzen und wird von den Mitschülern gemobbt." Als ich den jungen Mann kennenlernte, stand in der Tat ein Riese vor mir, der mir freundlich zur Begrüßung seine schlaffe Hand anbot. Er hatte eine vollkommen unterspannte Körperhaltung und selbst mit festem Willen und Training blieb seine Muskulatur schlapp, sein Blick unbeteiligt und seine Stimme zart und ruhig. Er hatte keinen Biss, kein Kämpferherz, kein Durchsetzungsvermögen und war frei von jeglicher Aggression. Er war ein lieber Kerl mit blasser Hautfarbe, der schnell ermüdete und öfter gähnen musste. Die Sache machte mich stutzig und ich begann mit meiner Recherche. Dem Jungen fehlte eindeutig Testosteron. Der Großwuchs war als Krankheitsbild bereits bekannt. Und auf meine Bemerkung hin wurden erneute Untersuchungen durchgeführt, die einen gutartigen Tumor und damit verbundene Hormonstörungen aufdeckten. Es wurde eine Testosterontherapie eingeleitet, um das Wachstum zu stoppen und eine gesunde Entwicklung zu ermöglichen. Wie ich später erfahren habe, hat sich dieser junge Mann prächtig entwickelt.

Wie Stress entsteht und warum er uns krank macht

Stress und vor allem chronischer Stress kann richtig gefährlich werden. Denn oftmals sind wir nicht in der Lage, unsere Befindlichkeitsstörungen mit Stress in Verbindung zu bringen. Die Arztpraxen sind heute voll von Menschen, die sich aufgrund einer somatoformen Störung (körperliche Beschwerden, die auf keine organische Erkrankung zurückzuführen sind) Hilfe und Unterstützung vom Arzt versprechen. Doch Stress als Diagnose wird häufig missverstanden. Denn unter Stress verstehen viele Menschen meist ein „Zuviel an Arbeit". Sie assoziieren damit ein typisches Manager-Problem: große Arbeitsbelastung, Schnelllebigkeit und eine einzige Hetzerei durch den Verkehrskollaps, um die straff gesetzten Termine einhalten zu können. Dabei ist ungesunder Stress ein emotionales Problem. Das heißt, jedes Mal wenn wir einen negativen Gefühlszustand wie Unsicherheit, Angst, Sorge, Trauer, Ärger, Wut, Schuld, Scham, Frust, Hass oder Rache haben, ist das für uns purer Stress. Jedes Mal, wenn wir ein Bedürfnis, einen Wunsch oder ein Persönlichkeitsmerkmal von uns einfach wegdrücken, setzt uns das unter Stress und kommt immer wieder an die Oberfläche. Genauso als würden wir versuchen, einen Ball unter Wasser zu drücken. Der springt auch immer wieder nach oben.

Stress kann durch vieles verursacht werden:
- Wenn wir unsere eigene Persönlichkeit verleugnen.
- Wenn wir nicht wissen, wer oder was uns eigentlich guttut.
- Wenn wir nur nach anderen Pfeifen tanzen und uns verbiegen, um zu gefallen.
- Wenn wir Dinge aushalten, obwohl sie uns quälen.
- Wenn wir unversöhnlich sind und nicht vergeben können.
- Wenn wir schädliche Verhaltensweisen und negative Glaubenssätze haben.
- Wenn wir Angst vor dem Unbekannten haben oder fürchten keine Kontrolle über eine Situation zu haben.

Probleme und Sorgen, die wir täglich durch unser Umfeld und die Medien präsentiert bekommen, machen uns fertig. Der emotionale Stress lauert überall, in unserem Berufs- und unserem Privatleben. Wenn Sie sich jetzt vorstellen, dass Sie dauerhaft in einer emotional unbefriedigenden oder anstrengenden Situation sind, bekommen Sie ein Gefühl dafür, was chronischen Stress auslösen kann. Er ist die Wurzel von Unwohlsein und Krankheit. Er ist der Grund für die vollen Wartezimmer, für die psychosomatischen Erkrankungen und die hohe Burn-out-Quote. 2011 wurden bundesweit 59,2 Millionen Tage Arbeitsunfähigkeit wegen psychischer Erkrankung festgestellt. Das ist ein Anstieg um mehr als 80 Prozent in den letzten 15 Jahren (Stressreport Deutschland 2012).

Laut einem aktuellen Bericht der Techniker Krankenkasse werden wir ein gesellschaftliches und wirtschaftliches Problem bekommen. Die Diagnose Depression wird immer häufiger gestellt und in den Jahren von 2000 bis 2013 nahmen die Fehlzeiten in Unternehmen aufgrund von Depressionen um fast 70 Prozent zu. Und der Anteil der Menschen, die dazu noch Antidepressiva nehmen, stieg um ein Drittel an. Wo soll das hinführen?

Der Zellbiologe Dr. Bruce Harald Lipton hat in seinen Forschungsergebnissen nachgewiesen, dass Stress die Ursache von 95 Prozent aller Erkrankungen ist. Ebenso berichtet die amerikanische Seuchenschutzbehörde auf ihrer Website, dass 90 Prozent aller Krankheiten mit Stress in Verbindung stehen, und sie wird in Amerika durch viele anerkannte Institutionen wie die Harvard University über Yale bis zur Mayo Clinic bestätigt. Wird aus einer einmalig stressigen Situation ein konsequenter Dauerzustand, dann sind Herzinfarkte, Schlaganfälle und Krebserkrankungen vorprogrammiert.

Auch die Weltgesundheitsorganisation WHO hat beruflichen Stress zu einer der größten Gefahren des 21. Jahrhunderts erklärt. In der Arbeitsmedizin weiß man längst, dass jeder zweite Berufstätige an der Belastung zu zerbrechen droht. Große Fluktuation und Krankschreibungen sind an der Tagesordnung. Doch auch hier spielen die Emotionen eine große Rolle. So misst zum Beispiel das unabhängige Wirtschaftsinstitut Gallup einmal im Jahr die emotionale Bindung der Mitarbeiter an ihr Unternehmen. Jahr für Jahr ist das Ergebnis gleich und führt auf, dass über 80 Prozent der Mitarbeiter nur geringfügig oder gar nicht an das Unternehmen gebunden sind. Das heißt, diese Menschen fühlen sich nicht ausreichend gesehen und anerkannt. Sie können ihre Potenziale nicht einsetzen und abrufen. Sie werden nicht adäquat betreut und gefördert. Daher machen sie in ihrer Arbeit gerade das Notwendigste, ohne Herzblut und Engagement. Manche haben innerlich auch schon gekündigt oder sind wegen einer Stresssymptomatik von ihrem Arzt krankgeschrieben worden.

Auch im Privaten sieht es häufig nicht rosig aus. Kürzlich erzählte mir ein befreundeter Paartherapeut, dass fast 80 Prozent der Menschen in ihren Beziehungen unglücklich sind, und meine Erfahrungen und Gespräche aus der Coaching-Praxis unterstützen seine Aussage. Einige lassen sich scheiden und andere bleiben aus den unterschiedlichsten Motiven trotzdem zusammen.

Dabei können negative Gefühle wie Ärger, Wut und Traurigkeit wegen Untreue, Konflikten und Verletzungen Menschen in chronische Stresssituationen versetzen.

Sie haben bereits ein positives Selbstbild im Kopf und können Ihre Gedanken gezielt für Ihre Wünsche und Ihr Wohlbefinden einsetzen. Jetzt geht es darum, noch einmal genau hinzusehen. Denn das Problem, das uns Stress bereitet, trägt oft eine Maske und wir können es nicht sofort identifizieren. Wir sind überzeugt, dass alles in Ordnung ist, und sind eher über die Tatsache verwundert, dass es uns körperlich nicht so gut geht.

Eine Kollegin hatte vor einigen Jahren immer mal wieder mit diversen Magenproblemen zu tun. Sie machte sich also, wie der Großteil der Bevölkerung in dieser Situation, auf zum Arzt, der dann regelmäßig feststellte, dass ihre Magenschleimhaut gereizt war und ein paar Säureblocker in diesem Fall hilfreich sein könnten. Nachdem organische Schädigungen und falsche Ernährungsgewohnheiten auszuschließen waren, verkündete er: „Sie haben einen Reizmagen. Eine ganz typische Reaktion bei Stress." Natürlich hat meine Bekannte sofort widersprochen: „Nein, das kann nicht sein! Ich habe im Moment gar keinen Stress! Ich arbeite doch höchstens zwanzig Stunden die Woche." Mal abgesehen von der Tatsache, dass selbst diese Aussage nicht stimmte, denn sie hatte neben ihrem beruflichen Engagement noch ein großes Haus, einen Ehemann und drei Kinder, wollte sie die Diagnose „Stress" einfach nicht wahrhaben. Sie hat nicht gesehen und nicht bemerkt, was ihr wirklich Stress bereitete. Außerdem war bei ihr das Wort „Stress" hauptsächlich unter erhöhter Arbeitsleistung im Business-Bereich abgespeichert. Dabei wirkte sie in Gesprächen fahrig und unausgeglichen. Eine gewisse Unzufriedenheit war ihr durchaus anzumerken. Auch die Tatsache, dass ihr Immunsystem schwächelte und sie sich regelmäßig irgendein Virus einhandelte, ließ sie das Problem nicht aus einer anderen Perspektive betrachten. Sie war stur oder besser gesagt unendlich unwissend. Emotionaler Stress ist tief und fest in uns verwurzelt und nutzt sämtliche Programmierungen schamlos aus. Er ist nicht auf die äußeren Umstände zurückzuführen, sondern einzig und allein auf unsere eigene Wahrnehmung und Einstellung. Wir können von außen nichts ändern, um dieses Problem zu lösen. Wir müssen zuerst bei uns selbst ansetzen. Viele Menschen würden sich noch nicht einmal als gestresst bezeichnen, doch misst man ihren gesundheitlichen Zustand und prüft ihr Energielevel, hätten wir Testergebnisse, die physiologisch den Stresszustand manifestieren. **Stress ist eine Emotion, die sich durch eine körperliche Symptomatik ausdrückt.**

Wir Menschen brauchen oft viel Zeit, um erkennen und akzeptieren zu können, dass wir in einem Stresszustand leben. Wenn wir dann erkannt haben, dass die Ursache weniger eine arbeitsmäßige Überlastung als vielmehr eine negative Emotion ist, können wir erste Schritte tun. Wir können längst fällige Entscheidungen treffen und manches gesundheitliche Problem wird sich einfach in Luft auflösen.

Die amerikanische Ärztin Dr. Lissa Rankin hat folgende Worte gewählt: „Wenn wir das Flüstern des Körpers nicht hören, dass etwas aus der Balance geraten ist, beginnt er zu schreien."

Und genau darum geht es mir: Ich möchte Sie in diesem Kapitel dafür sensibilisieren, mehr auf Ihren Körper zu hören und mehr Gefühl für ihn zu entwickeln. Doch was genau passiert eigentlich im Körper, wenn wir eine schädliche Emotion erleben?

Lassen Sie uns einen kurzen Blick auf die klassische Situation des Lampenfiebers oder auch der Redeangst werfen. Sie können sich das so vorstellen, dass unsere Zellen entweder in einem Wachstumsmodus oder in einer Schutzhaltung sind. Das erinnert mich an einen Chiropraktiker, der mir bezüglich der Volkskrankheit „steifer Nacken" und Nackenverspannungen Folgendes sagte: „Wenn Nacken und Schulterbereich verhärtet sind und du steif und unbeweglich bist, dann liegt das daran, dass du eine Ritterrüstung trägst. Und das tust du, um dich vor Angriffen zu schützen. Dahinter steckt Angst. Du kannst dich jedoch nicht schützen und gleichzeitig wachsen! Das funktioniert nicht!"

Und in der Tat hat uns die Evolution zum Überleben diese zwei wertvollen Funktionen mitgegeben. In Gefahrensituationen ist es wichtig, die Schutzhaltung einzunehmen, und der Mechanismus für das Wachstum ist entscheidend für Innovation, Fortschritt und Erfolg. Unsere Milliarden von Zellen verbrauchen sich permanent und müssen ständig erneuert werden, damit wir energiereich und kraftvoll bleiben. Jetzt liegt es an Ihnen zu entscheiden, welche Situationen Sie als Gefahr einschätzen und dann entsprechend in den Schutzmodus gehen. Doch häufig passiert es, dass wir eine Situation erleben, die uns in einen emotionalen Stresszustand versetzt, weil unser Unterbewusstsein sie als gefährlich einstuft. Wir empfinden vielleicht eine gewisse Unruhe und Unbehagen, haben allerdings nicht den Hauch einer Ahnung, was zeitgleich in unserem Körper passiert.

Vor einigen Jahren war ich vom WDR zu einem TV-Talk eingeladen, um live über den „Nähkreis", meine Partnerschaftsagentur, zu berichten. Ich hatte im Vorfeld bereits mit verschiedenen Magazinen sowie Tageszeitungen und einem Radiosender Interviews geführt und stellte schnell fest, dass ich alles souverän meistern konnte. Nur wenn eine Kamera auf mich gerichtet war, schien eine gewisse Nervosität von mir Besitz zu ergreifen. Außerdem gab es nicht mehr den Schutz eines vertraulichen Einzelgesprächs. Stattdessen erwarteten mich zahlreiche Gäste im Studio und natürlich die Zuschauer vor den Bildschirmen. Ich war vollkommen aufgeregt. Nicht dass mir das irgendeiner angesehen hätte, der Sturm war in mir drin. Das Adrenalin schoss nur so durch meinen Körper. Ich erinnere mich genau, was alles passierte und wie ich es bewertete. Im Vorfeld in der Unterhaltung mit der Redaktionsleiterin und anderen Gästen spürte ich mein Lampenfieber gar nicht. Doch in dem Moment, in dem mir klar wurde, dass ich in wenigen Minuten live auf Sendung bin, spielte mein Körper verrückt. Ich war gerade aus der Maske raus – selbst die Handoberflächen wurden abgedeckt –, da musste ich bereits zum zweiten Mal die Toilette aufsuchen. Später wurde ich dann verkabelt und bekam einen Sender an die Hose. Mein Puls war erhöht, mein Atem flach und mein Herz schlug heftig. Das war der Zeitpunkt, wo ich bemerkte, dass meine Hände leicht feucht wurden, mein Gaumen jedoch knochentrocken. Ich fühlte überhaupt keinen Speichel mehr im Mund und begann mit der Zunge das Trockengebiet zu befeuchten. Die anderen spürten nichts von meiner Aufregung, bis auf meine Begleitung, eine vertraute Klientin, die ich in meinen momentanen Gefühlszustand eingeweiht hatte. Sie sagte zu mir: „Mach dich doch mal ein bisschen locker! Trink doch was! Vielleicht ein Bier oder einen Kurzen!" Spontan dachte ich, Alkohol so kurz vor der Sendung, das muss nicht sein. Und dann bestellte ich mir einen italienischen Kräuterlikör. Schmeckt süß und hinterlässt ein klebriges Gefühl. Sie können sich vorstellen, wie kontraproduktiv dieses Getränk zur Lösung meines Trockengefühls war. Jetzt klebte die Zunge am Gaumen fest und ungefähr zeitgleich meine Kontaktlinse am Augapfel. Mein bisschen Tränenflüssigkeit hatte sich auch noch verabschiedet. Mein Kopf schien insgesamt nicht mehr gut durchblutet zu sein. Glücklicherweise konnte ich noch denken, und als es endlich so weit war, mich der Moderator der Sendung herzlich begrüßte und ich die erste Frage beantworten konnte, setzten einige Körperfunktionen wie selbstverständlich wieder ein.

Ansonsten wären wahrscheinlich meine Lippen aneinander festgetrocknet und ich hätte nichts mehr sagen können, die Linsen wären aus dem Auge gefallen und ich hätte auch nichts mehr sehen können.

Ohne dass ich es wollte, empfand mein Körper emotionalen Stress und rutschte automatisch in eine Schutzhaltung. Das alles spielt sich im Unterbewusstsein ab. Manch einen Menschen kann eine solche Situation besonders heftig treffen, wenn er beispielsweise bei einer Prüfung völlige Blutleere im Kopf empfindet. Gedächtnis und Konzentration funktionieren nicht mehr und im schlimmsten Fall endet diese Art der Prüfungsangst in einem Blackout. Alles dunkel und keine Erinnerung mehr an das Gelernte.

Schauen wir uns aus wissenschaftlicher Sicht dieses Stressphänomen an: Unsere Veranlagung, auf Stress zu reagieren, hängt mit unserem Säugetier- und unserem Reptiliengehirn zusammen. Tief in unserem Unterbewusstsein haben wir hier die gleichen Abläufe abgespeichert wie damals unsere Vorfahren, die noch in

Fellbekleidung und mit Speer bewaffnet zur Mammutjagd gezogen sind. Im Leben dieser Menschen gab es zahlreiche Gefahren, auf die sie schnell reagieren mussten. Hier ging es nicht darum, eine Präsentation zu halten oder ein schwieriges Gespräch zu führen, sondenn es gab Naturkatastrophen und tägliche Angriffe von wilden Tieren. Es ging ums nackte Überleben. Und das Gefühl von Stress war überlebenswichtig, denn es hat die Menschen vorgewarnt und in Alarmbereitschaft versetzt. Es gab zwei Möglichkeiten: Kampf oder Flucht. Und wenn der Körper einen solchen Alarmzustand spürt, dann produziert er Stresshormone wie Cortisol, Adrenalin und Noradrenalin. Der Herzschlag ist erhöht, der Blutdruck steigt und der Atem geht schneller. Das Blut wird aus den inneren Organen abgezogen und in Beine und Arme gepumpt, damit wir besser kämpfen oder weglaufen können.

Und genau das passiert auch bei Lampenfieber oder Prüfungsangst. Wir werden alarmiert und unser Körper bekommt das Zeichen: ACHTUNG! Wahrscheinlich war das auch der Grund für meine gefühlten Durchblutungsstörungen im Kopfbereich. Mein Körper hat mein Blut einfach in die Beine gepumpt, weil ein Teil von mir vor der herausfordernden Situation weglaufen wollte. In dem Augenblick, wo der Körper in eine Schutzhaltung geht, kann er nicht gleichzeitig wachsen oder sich regenerieren. Es ist gut, dass wir in der Lage sind, für einen wichtigen Moment unsere gesamte Energie zu bündeln und eine Gefahrensituation zu meistern, denn das Leben besteht nach wie vor auch aus reellen Gefahren, zum Beispiel wenn wir einem Angriff ausgesetzt sind oder wir in eine lebensgefährliche Situation geraten. Doch leider gibt es ein Problem: Jede Art von emotionalem Stress, ob Sie sich nun über so etwas Banales wie einen Stau auf der Autobahn oder eine lange Schlange im Supermarkt ärgern, drückt in Ihrem Organismus den Stressknopf und überflutet Sie mit Stresshormonen. Jetzt stellen Sie sich vor, Sie würden unter Dauerstress stehen. Dafür gibt es unendlich viele Möglichkeiten: Sie haben einen Chef, der Ihnen täglich das Leben schwer macht, und Sie haben Angst davor, gekündigt zu werden. Oder Sie sind in einer Beziehung gefangen, die Sie nicht glücklich macht. Vielleicht belügen Sie sich täglich selbst, indem Sie das Leben eines anderen leben. Oder Sie betäuben sich mit zahlreichen Aktivitäten, weil Sie nicht mit sich allein sein können. Das Tragische an der Sache ist jedoch, dass unser

Körper jedes Mal das Signal ACHTUNG bekommt und im Fall eines anhaltenden Stresszustandes aus dieser Alarmstufe ROT gar nicht mehr herauskommt. Er befindet sich dann fortwährend im erklärten Schutzmodus und stellt sein Wachstum einfach ein. Die gesamte Energie wird abgezogen, um die Schutzmauer zu errichten. Ihre Zellen können sich nicht regenerieren und Ihr Immunsystem wird heruntergefahren, denn hierfür ist keine Energie mehr vorhanden. Viren und Bakterien haben jetzt ein leichtes Spiel, denn durch die Freisetzung der Stresshormone werden auch sämtliche produktiven Vorgänge im Körper gedrosselt. Das hat wiederum zur Folge, dass glückliche und leistungsstark machende Hormone nicht ausreichend produziert werden. Durch den manipulierten Stoffwechsel fallen wichtige Transporte im Körperinneren aus, sodass eine Vielzahl von Zellen absolut unterversorgt ist. Gesund machende Nährstoffe werden nicht transportiert und bleiben einfach auf der Strecke.

Ein anhaltend hoher Adrenalin- und Cortisol-Spiegel fängt schleichend mit Befindlichkeitsstörungen an und kann sich in eine handfeste und sogar lebensbedrohliche Krankheit verwandeln. Und das ist auch kein Wunder. Denn wenn der Körper das Signal ACHTUNG erhält und unser lebensrettender Kampf-Flucht-Reflex eingeschaltet wird, dann ist das ausschließlich für den einen Moment sinnvoll, wenn wir zum Beispiel nachts allein spazieren gehen und hinter uns Schritte hören. Empfinden wir diese als Bedrohung und drücken aus Ungewissheit und Angst auf den Alarmknopf, spülen wir Unmengen an Adrenalin durch unseren Körper. Unsere Muskeln bereiten sich vor und wir sind bis in die letzte Zelle angespannt. Wir stehen unter Druck. Stellen Sie sich bitte vor, Sie hätten diese Gefühlslage dauerhaft, bei Tageslicht und in Gesellschaft oder im ganz normalen Alltag. Was im Übrigen gar nicht so unwahrscheinlich ist, denn unser alltägliches Leben mit seiner ständigen Beschleunigung und Optimierung ist ausgesprochen anstrengend. Viele Menschen empfinden Druck und Anspannung. Sie haben Ängste und machen sich Sorgen. Die Folge ist ein Anstieg stressbedingter Zivilisationskrankheiten. Wir brauchen uns also nicht zu wundern, wenn wir schlecht schlafen, uns morgens nach dem Aufstehen schon wieder kaputt fühlen, angespannt oder krankheitsanfällig sind.

Wie Stress chronisch wird und im Burn-out endet

Sich seiner selbst umfassend bewusst zu sein ist in der Tat der Schlüssel zum Glück. Es bedeutet unter anderem, sich seiner Gedanken und seiner körperlichen Ausdrucksformen bewusst zu werden. Sie kennen bestimmt diese Phasen im Leben, in denen das eine oder andere Wehwehchen uns plagt und wir instinktiv eine einleuchtende Begründung dafür zu suchen scheinen. Kopfschmerzen und Unwohlsein sind die Folgen eines Wetterumschwungs. Energielosigkeit und schmerzende Gelenke haben mit dem Alter zu tun. Wiederholte grippale Infekte werden auf die hohe Ansteckungsgefahr in Bussen, Bahnen und Kaufhäusern geschoben. Wenn alle krank sind, ist es für uns irgendwie logisch, dass auch wir uns schnell anstecken können und in der Folge ebenfalls schniefend, hustend und keuchend umherlaufen.

Wenn diese Gefahrenquellen abgecheckt worden sind und keine erkennbare Ursache für unser schlechtes Befinden von uns selbst diagnostiziert werden kann, dann ist – so denken wir zumindest häufig – die hohe Arbeitsbelastung an der Misere schuld. Chronischer Stress entsteht meist dadurch, dass Menschen keine Prioritäten setzen und keine Entscheidungen treffen können. Die Gründe sind mangelnde Selbstkenntnis, fehlendes Selbstvertrauen und Mutlosigkeit. Immer mehr Menschen neigen dazu, sich einem hausgemachten Freizeitstress auszusetzen. Sie planen ihre Freizeit ähnlich wie Arbeitstermine durch, die aber eigentlich für Momente der Ruhe und Freude reserviert sein sollte. Sport muss gemacht werden, denn schließlich ist nur ein gesunder Mensch ein leistungsfähiger Mensch. Außerdem sieht man dadurch besser aus und es ist gesellschaftlich hoch anerkannt. Das goldene Zeitalter eines kollektiven Bewusstseins mit zahlreichen Netzwerkaktivitäten muss auch weiter befeuert werden, so treffen wir uns auf den vielen sozialen Plattformen im Netz wieder oder im Gespräch mit Leuten, die uns eigentlich nichts bedeuten. Doch es gehört irgendwie dazu – die Netzwerkpflege. Bei so viel Freizeitstress und Arbeit kann der Mensch schon mal erschöpft sein, er hetzt dann beherzt in die nächste Yogastunde und merkt gar nicht, dass er einfach nur einen weiteren Termin erledigt. Mit tatsächlicher Entspannung hat das alles überhaupt nichts zu tun. Und damit nicht genug. Viele Menschen stressen sich nicht nur selbst, indem sie ihre Kinder vom Ballett zum Reitunterricht, weiter zur Mathenachhilfe und dann in den Fechtunterricht bringen, sondern sie stopfen den Terminkalender ihres Nachwuchses so voll, dass selbst die Kleinen unter dem Freizeitstress leiden. Doktor Hartmut Göbel, Direktor der Schmerzklinik Kiel, erklärte dazu: „Leistungsdruck in der Schule, Freizeitstress am Nachmittag, Reizüberflutung und unregelmäßiges Essen führen immer häufiger zu Spannungskopfschmerzen bei Kindern und Jugendlichen oder lösen sogar Migräneanfälle aus." Der Körper reagiert darauf und schickt erste Botschaften in Form von Befindlichkeitsstörungen. Die Reaktionen sind weitere Maßnahmen, Zwänge und Verpflichtungen. Denn es könnte zum Beispiel an der schlechten Ernährung liegen, und ruckzuck werden vegane Einkaufspläne entworfen und zwanghafte Essensrituale entdeckt. Hier surft man dann zu einhundert Prozent auf der hippen, gesellschaftlich anerkannten Welle. Ernährungsumstellung hat die Nase vorn und liegt voll im Trend. Haben Sie sich schon einmal gefragt, wie das alles entstanden ist? Ist es kollektives Bewusstsein oder Gruppenzwang? Kennen Sie noch einen Menschen, der alles essen und hemmungslos genießen kann? Warum leiden so viele Menschen an Unverträglichkeiten und Allergien und liegt die Gefahr wirklich in der Milch, im Fleisch und im Brot? War es nicht schon immer so, dass Dinge, im Übermaß genossen, schädlich sein können? Anstatt wirklich in uns hineinzuhorchen und folgende Fragen zu beantworten: Was brauche ich, was genieße ich und was tut mir gut, sind wir Erledigungszwängen ausgeliefert.

Eine Studie von Forschern der Pennsylvania State University hat sogar gezeigt, dass bei vielen Menschen die Konzentration des Stresshormons Cortisol am Wochenende höher ist als unter der Woche. Stress und Burn-out müssen also nicht zwingend berufsbedingt sein.

Achten Sie auf Ihren Körper

Sie kennen jetzt die Symptomatik einer akuten Stresssituation. Schauen Sie einmal, was genau passiert, wenn dieser Zustand chronisch wird oder in einer Belastungs-Depression endet: Ein mir bekannter Geschäftsführer fühlte sich im Rahmen seiner beruflichen Aufgaben ausgenutzt und nicht wertgeschätzt. Außerdem empfand er die konkrete Aufgabenstellung seiner Position nicht unbedingt seinen Potenzialen entsprechend und fühlte sich intellektuell unterfordert. Gleichzeitig spürte er jedoch eine Überforderung, hauptsächlich durch einen für ihn unerträglichen Führungsstil seines Vorgesetzten und die Schnelllebigkeit des Arbeitsalltags, der mit unzureichend kompetenten Mitarbeitern bewältigt werden musste.

Er schleppte sich Tag für Tag, Woche für Woche, Jahr für Jahr, über viele Jahre hinweg zur Arbeit. Besonders die letzten fünf Jahre seiner beruflichen Tätigkeit waren geprägt von Vertrauensbrüchen, persönlicher Verletzung und mangelnder Anerkennung. Am Ende fühlte er sich nur noch wie ein Soldat, der an die Front ziehen muss. Der Moment, in dem er seinen Business-Anzug anlegte und den Deckel des Aktenkoffers ins Schloss fallen ließ, glich einem letzten Messerschärfen und Gewehrdurchladen. Seine Augen wurden zusehends trüber und sein Blick stumpfer. Er versteckte seine Empfindungen hinter der Maske eines verantwortungsvollen und funktionierenden Managers. Schließlich musste er funktionieren, denn die Vorstellung, in seinem Alter einen beruflichen Neuanfang zu wagen, bereitete ihm Unbehagen und Ängste. Er war eine gut bezahlte Führungskraft und es schien ihm unmöglich, ein ähnlich attraktives Gehalt in einer anderen Position zu erzielen. In seinem Kopf malte er sich aus: „Ich muss nur lange genug durchhalten, alles aushalten, bis ich genug Geld verdient habe. Und dann höre ich auf zu arbeiten!"

Und genau das hat dieser Geschäftsführer auch gemacht. Er hat alles ausgehalten. Den Druck auf seinen Schultern. Die blank liegenden Nerven. Das Zittern. Das Herzrasen. Schlaflose Nächte. Durchgeschwitzte Nächte. Die tränenden Augen. Schwindel. Müdigkeit. Schmerzen. Er hat die Zähne zusammengebissen, sodass er in seiner mageren Freizeit beim Zahnarzt sitzen musste. Beschwerden unterschiedlichster Art bescherten ihm diverse Aufenthalte in der Arztpraxis.

„Verstehst du das eigentlich nicht?", sagte er zu seiner Frau, „ich pfeife wirklich aus dem letzten Loch!" Längst hatte er sich zurückgezogen. Starrte nur in den Fernseher. Hatte nichts zu sagen und verlor sich in eigenen Gedanken. Keine Interessen. Keine Ideen. Er wollte keine Freunde treffen oder etwas unternehmen. Er hatte seine Freude an Gesprächen und gemeinsamer Freizeit völlig verloren. Meist ging er vor zehn Uhr schlafen. Er zog sich vollkommen zurück. Interessierte sich nicht mehr für die Alltäglichkeiten, nicht mehr für die Belange seiner Frau und der Kinder.

Aus eigenem Antrieb wollte und konnte er nichts verändern. Er erledigte weiterhin so gut er konnte festgelegte Aufgaben wie den Abfall rausbringen, das Kind abholen oder Wasser einkaufen. Er funktionierte noch. Zumindest in seiner Welt. Und wenn es keine Aufgaben zu erledigen gab, musste er sich um seinen gesundheitlichen Zustand kümmern oder sich ausruhen, damit er alles weiter durchhalten konnte.

Die Auseinandersetzungen mit seiner Frau und fehlende freundschaftliche Verbindungen trieben ihn immer weiter in die Isolation. Seine gesamte Welt kreiste nur noch um ihn selbst. Er entwickelte eine Art Tunnelblick und wurde stumpf für die Gefühle der anderen. Die meisten Menschen lehnte er ab. Sie langweilten ihn und stahlen ihm wertvolle Zeit. Er empfand sie als dumm und oberflächlich. Sein gesamtes Wertesystem veränderte sich. Gereiztheit, Respektlosigkeit, Sarkasmus, Überheblichkeit, Humorlosigkeit. Er fühlte sich schnell durch alles und jeden verletzt. Er begann mit Spott und Verachtung über andere zu sprechen. Er fühlte sich allein und leer. Wie ein einsamer und ängstlicher Junge, den niemand lieb hat.

An ganz schlimmen Tagen konnte dieser Manager die Gesamtsituation nicht gut aushalten und trank zur Beruhigung das ein oder andere Glas Alkohol. Hochprozentig. Oft heimlich. Direkt aus der Flasche.

Immer häufiger drückten sich seine negativen Gedanken und Emotionen durch körperliche Hilferufe aus. Der Verlust von Freude und Fröhlichkeit und die innere Leere verursachten Schlafstörungen, Atemprobleme und Schmerzen. Die innerliche Ausgebranntheit suchte mit Gewalt einen körperlichen Ausdruck. Viele Menschen sind sich ihrer Gedanken und ihrer Selbstgespräche nicht bewusst. Schlimmstenfalls ignorieren sie sogar das Flüstern ihres Körpers, bis dieser anfängt, laut zu schreien.

So weit ist es glücklicherweise in dem hier beschriebenen Fall nicht gekommen. Durch ein Coaching hat er wieder zu sich gefunden, seine wahren Bedürfnisse entdeckt und ein neues Selbstbewusstsein entwickelt. Durch die vielen Gespräche, die ihm die Möglichkeit gaben, sich selbst und seine Gefühle an die erste

Stelle zu setzen, konnte er seine Ängste überwinden. Ihm wurde klar, dass er selbst für seine destruktiven Gedanken und seine empfundene Ausweglosigkeit verantwortlich ist. Er gewann neuen Mut und traf für ihn lebenswichtige Entscheidungen. Er kündigte seinen Job, kaufte eine Hütte in Afrika, packte seinen Koffer und verbrachte ein Jahr im Busch, um wieder zu sich selbst zu finden. Danach kehrte er heim, gestärkt und mit neuen Erkenntnissen über sich selbst. Er kennt jetzt seine Gedanken und seine Gefühle und weiß genau, wer oder was ihm guttut oder eher schadet. Er lebt heute ein völlig anderes Leben, ohne Arbeit und wirtschaftliche Interessen. Er hat sich auf das Wesentliche reduziert, verzichtet auf Luxus und ehrgeizige Pläne. Er liest die „Zeit", geht in die Natur oder ins Kino. Gelegentlich ist er auf Reisen, übernachtet aber nicht in teuren Hotels, sondern empfindet Freude daran, Neues zu entdecken und lebensnah zu sein. Er freut sich wie ein Junge, wenn er ein Eichhörnchen auf seinem Balkon entdeckt, das emsig die gesammelten Walnüsse aufknackt.

Er hat seine Entscheidung nicht bereut. Höchstens die Tatsache, dass er so lange gezögert hat, eine Entscheidung zu treffen. Natürlich hatten die letzten Jahre auch ihren Preis. Die Kinder sind erwachsen geworden und er hätte gern mehr Zeit mit ihnen gehabt. Seine Ehe ist in die Brüche gegangen und Freundschaften sind auf der Strecke geblieben. Doch eines weiß er trotz allem ganz genau: Sein altes Leben will er nicht mehr zurück. Denn auch körperlich geht es ihm wieder gut. Er kann wieder atmen und schlafen, das Essen genießen, ohne dass es ihm auf den Magen schlägt, und sich wieder Gedanken machen, ohne sich den Kopf zu zerbrechen. Er kann heute wieder zuhören, mitfühlen, das Schöne sehen und lachen. Das Leben macht wieder Sinn und Freude.

Werfen Sie einen Blick auf Ihre Hormone

Es ist ganz typisch für Dauergestresste, im Hamsterrad des Lebens zu laufen und gar nicht zu bemerken, was um sie herum passiert. Sie haben gerade einmal genug Kraft, gelegentlich ein Auge auf sich selbst zu werfen. Die Menschen in ihrem Umfeld registrieren sie zwar als vorhanden, nehmen diese und deren Bedürfnisse jedoch überhaupt nicht wahr. So können ganze Parallelwelten entstehen, von denen die Betroffenen erst etwas spüren, wenn bereits eine unaufhaltsame Eigendynamik im Gange ist. Unter Stress gehen Aufmerksamkeit, Feingefühl und Neugierde verloren. Gefühle wie Angst, Zweifel und Kummer hingegen können rapide ansteigen. Das Resultat: Die Menschen werden sich selbst und ihrer Familie fremd.

In solch einer verfahrenen und vernichtenden Situation ist es gut, Unterstützung von außen in Anspruch zu nehmen und neue Denkmuster zu entwickeln. Es ist sinnvoll, ein positives Selbstbild zu erschaffen und aus verschiedenen Blickwinkeln die belastende Situation zu betrachten. Durch frische und neue Gedanken – denken Sie an die Neuroplastizität – lassen sich Lösungen erkennen und Veränderungen initiieren. Mentale Stärke aufbauen heißt nichts weiter als regelmäßig positive Gedanken denken – am besten mehrfach am Tag.

Durch diese positiven Gedanken werden bestimmte biochemische Botenstoffe – auch Neurotransmitter genannt – wie beispielsweise Dopamin, Oxytocin und Serotonin freigesetzt. Diese regen den Stoffwechsel an und schaffen ein Gefühl von Wohlbefinden. Begeisterung, Frohsinn, Optimismus, Lust und Antrieb lassen aufbauende Hormone durch Ihren Körper schießen, die dann wiederum weitere positive Gefühle zur Folge haben.

Wir können diesen Prozess zusätzlich unterstützen, indem wir unseren Hormonspiegel nicht nur durch die Kraft der Gedanken, sondern auch durch die Zufuhr bestimmter Substanzen von außen ausgleichen. Ein hoher Stresshormonspiegel unterdrückt die Produktion von glücklich machenden Hormonen wie Serotonin und Dopamin. Wenn Sie in einer aktuellen Stresssituation sind, haben Sie von diesen auf jeden Fall zu wenig im Körper. Sie sind der Grund dafür, sich leer und überlastet zu fühlen, das Leben als anstrengend und sinnlos zu empfinden. Ein niedriger Serotoninwert kann Ursache und Folgeerscheinung einer handfesten Depression sein. Gehirnaktive Eiweißbausteine sind für die Herstellung dieser wichtigen Stimmungshormone verantwortlich. Diese Eiweiße werden jedoch vom Körper im Vorfeld schon genutzt, um durch eine Verwandlung zu Zucker als letzte Energiereserve zur Verfügung zu stehen. Dann ist das wertvolle Eiweiß einfach verpufft und verbraucht. Jetzt kann es nicht mehr der Hormonproduktion dienlich sein. Die Folge: Es werden keine Glückshormone produziert.

Einige Ärzte raten hier, dem Körper einfach Eiweiße in Form von essenziellen Aminosäuren zukommen zu lassen, das heißt, sich fehlende Eiweißbausteine von außen zuzuführen. Je nach Schwere der Depression oder des Stresszustandes kann es ebenfalls sinnvoll sein, sich zusätzlich mit Vitaminen und Mineralien zu versorgen.

Am Anfang des Buches gab es schon einmal einen Vergleich mit dem Kuchenbacken. Sie erinnern sich: Starkes Selbstbewusstsein bedeutet, der Kuchen ist außen kross und innen gut durchgebacken.

Hier möchte ich Ihnen noch einmal einen solchen Vergleich anbieten, wie der erfolgreiche Arzt und Gesundheitsberater Dr. Michael Spitzbart ihn verwendet: „Die Hormonproduktion ist mit dem Backen eines Kuchens zu vergleichen. Man braucht Zutaten. Fehlt eine Zutat, gelingt der ganze Kuchen nicht. Auch Schulmediziner könnten sich eine Zutatenliste für die biochemischen Prozesse wie die Hormonproduktion besorgen. Man nennt das ‚biochemical pathways‘, weil sich das besser anhört als Zutatenliste. Hier sind alle Prozesse genau beschrieben. Von der Ausgangsaminosäure Tryptophan über den Katalysator Zink bis hin zum fertigen Hormon Serotonin.“

Dr. Spitzbart plädiert für mehr Wissen und Information in diesem Bereich, damit jeder Einzelne in der Lage ist, die Zutatenliste für seinen individuellen Wunschkuchen selbstständig und vollständig zu erstellen. Als Arzt bietet er sein Wissen und seine Unterstützung an, die Richtigkeit und Vollständigkeit Ihrer Zutatenliste zu prüfen. Das Ergebnis: Der Kuchen gelingt. Sie machen also nichts verkehrt damit, Ihren Körper sowohl mental durch gute Gedanken als auch durch die richtige Ernährung und unterstützende Wirkstoffe zu stärken. Es ist übrigens sehr schlau, hier grundsätzlich zweigleisig zu fahren und von innen und außen eine Stärkung vorzunehmen. Führende Wissenschaftler sind sich immer noch nicht einig bezüglich der Frage: Was war zuerst da? Das Ei oder das Huhn? Oder besser gesagt: Wo fängt Stress an? Im Kopf oder in der Zelle?

Stellen Sie die richtigen Fragen

Kommen wir jetzt zu Ihrem persönlichen Selbstcoaching-Anteil, der Ihr Selbstbewusstsein und Ihre Selbstsicherheit stärkt. Werden Sie sich Ihres Körpers bewusst, indem Sie genau auf seine Bedürfnisse achten und Warnsignale wahrnehmen. Sie werden im ersten Schritt Ihre Aufmerksamkeit schärfen und sich genau unter die Lupe nehmen. Sie überprüfen jetzt Ihren aktuellen „Wehwehchen-Status" und beobachten intensiv, wo der Schuh überall drückt. In einem zweiten Schritt gehen Sie bereits in die Analyse und überlegen: Wann hat es angefangen? Was ist der Ursprung? Wie drückt es sich aus? Was will die Krankheit mir sagen? Was symbolisiert das betreffende Organ? Im dritten Schritt versuchen Sie eine Lösung zu finden, besser mit dieser Krankheit zurechtzukommen und Ihr Wohlbefinden wieder zu steigern. Fragen Sie sich anschließend: Welche Entscheidungen habe ich getroffen? Welche Verbesserungen haben sich eingestellt? Was habe ich daraus gelernt?

Am Ende des Kapitels finden Sie einen anschaulichen Ablaufplan zur Selbstanalyse und Entschlüsselung von Krankheitsursachen sowie ein konkretes Beispiel bezüglich der Körperteile und ihrer Bedeutung. Ein persönliches Erlebnis wird Sie dafür öffnen, den eigenen Blick zu schärfen und einen intensiven Blick auf sich selbst zu werfen. Wenn Sie die nächsten Seiten lesen, bedenken Sie, dass manche Krankheiten bereits in unseren Genen angelegt sind. Wann und in welcher Form oder ob diese überhaupt zum Ausbruch kommen, ist mit hoher Wahrscheinlichkeit abhängig von unserer Lebenssituation, unserem Umfeld und unserer Gefühlslage.

Mir geht es darum, Sie bezüglich Ihrer Körperbotschaften zu sensibilisieren und Ihr Körperbewusstsein zu stärken. Ich bin keine Medizinerin und habe weder eine Wunderlösung noch ein Allheilmittel in der Tasche. Sollten Sie eine ernsthafte und schwerwiegende Erkrankung haben, sind in der Regel die Begleitung eines Arztes und der Einsatz von Medikamenten unumgänglich. Wenn Sie jedoch eine organische Erkrankung ausschließen können, lohnt es sich für Sie, dieses Kapitel mit besonderer Aufmerksamkeit zu lesen. Meine Aufgabe ist es, Menschen in Phasen der Veränderungen zu begleiten und sie dabei zu unterstützen, ein gesundes Selbstbewusstsein und mentale Stärke aufzubauen. Der Körper ist der Botschafter der Seele und deswegen gibt es automatisch einen Zusammenhang. Wir alle haben unsere Erfahrungen mit der Psyche gemacht und akzeptieren das Vorhandensein von psychosomatischen Erkrankungen. Der hier vorgestellte Ansatz ist nichts weiter als der Versuch, auch der psychosomatischen Heilung und Prävention eine Chance einzuräumen. In der Schulmedizin immer noch häufig vernachlässigte Denk- und Praxisansätze. Seien Sie offen für neues Wissen und machen Sie sich frei von eventuellen Vorurteilen bezüglich einer spirituellen Intelligenz.

„Es gibt keine Krankheit des Körpers außerhalb des Geistes."
(Sokrates)

Bei meinen Klienten zeigen sich häufig körperliche Erscheinungsbilder, die mit ihrem seelischen Zustand einhergehen. Es gab Schwindel und Kopfschmerzen bei den Menschen, die den Wald vor lauter Bäumen nicht mehr sehen konnten oder langsam den Boden unter den Füßen verloren. Es gab Übelkeit und Magen-Darm-Probleme bei den Klienten, die eine bestimmte Situation einfach „zum Kotzen" fanden. Nervöse Ticks, Haarausfall und Zuckungen waren oft ein Zeichen von Anspannung und Überforderung. Herz- und Kreislaufprobleme symbolisierten wenig Freude oder ein emotionales Problem wie Einsamkeit oder Traurigkeit. Insgesamt kann ich feststellen, dass Menschen, die Coaching- oder Gesprächsbedarf haben, häufig unter emotionalem Stress stehen, der für ein schwächelndes Immunsystem und vermehrte Infekte verantwortlich ist.

Im Anhang finden Sie ein Literaturverzeichnis, das einen Aufschluss über die von mir genutzten Quellen liefert. In einigen Werken gibt es darüber hinaus umfangreiche Übersichten zur Deutung der Symbolik. Es versteht sich auch als Empfehlung für diejenigen, die intensiver in diese Thematik einsteigen wollen.

Der hier vorgestellte Ablaufplan ist in Anlehnung an die Ausführungen der kanadischen Mikrobiologin und Psychotherapeutin Claudia Rainville entstanden. Es ist eine persönliche Vision, dass wir Menschen eines Tages unseren Körper mit der Kraft unserer Gedanken und Emotionen heilen können. Ich habe Ihnen bereits die unglaubliche Kraft der Imagination und eines mentalen Trainings vorgestellt. Auch wenn eine absolute Heilung reine Illusion wäre, bleibt genügend Potenzial in dem hier vorgestellten Ansatz übrig, um durch gedankliche Klärung wieder Klarsicht zu bekommen und ein besseres Leben zu führen.

„Vollkommene Gesundheit und volle Bewusstseinserweckung sind in Wirklichkeit ein und dasselbe." (Tarthang Tulku)

Plötzlich konnte ich nicht mehr so gut sehen

Es ist schon viele Jahre her, als ich selbst eine Lebensphase durchmachte, in der mein Immunsystem zu schwächeln begann. Wie Sie schon erfahren haben, kann Stress eine Ursache dafür sein, dass wir uns schnell einen Infekt einhandeln und gewisse biochemische Abläufe durcheinanderkommen. Stress kann sowohl Überforderung als auch Unterforderung bedeuten. In den meisten Fällen handelt es sich jedoch um ein unbewusstes oder ein ungelöstes emotionales Problem. So war es auch in meinem Leben und ich machte eine schwierige Zeit durch.

Als ich eines Tages wegen einer Bindehautreizung bei einem Augenarzt war, durchlief ich verschiedene Untersuchungen, unter anderem auch eine Perimetrie, bei der das Gesichtsfeld vermessen wird. Ein Auge wird abgedeckt und mit dem anderen schauen Sie auf eine Art Schirm, auf dem in unregelmäßigen Abständen kleine Punkte in unterschiedlicher Intensität aufleuchten. Jedes Mal, wenn ich einen Punkt wahrgenommen hatte, musste ich auf einen Knopf drücken. Manchmal blitzten Punkte in der Mitte auf und ein anderes Mal ganz am Rand. Die optischen Reize und meine Reaktionen darauf wurden protokolliert. Natürlich war mir schon während der Testsituation aufgefallen, dass ich bei Sicht mit dem linken Auge wesentlich öfter den Knopf betätigte als mit dem rechten Auge. Als die Ergebnisse in ausgedruckter Form meinem Augenarzt vorlagen, meinte er spontan: „Hier kann was nicht stimmen, den Test müssen Sie wiederholen."

Das tat ich noch am gleichen Tag und einige Tage später wieder, doch das Ergebnis war immer das gleiche. Ich hatte auf dem rechten Auge ein hochgradig eingeschränktes Gesichtsfeld. Und ich hatte es überhaupt nicht bemerkt. Die volle Sehkraft des linken

Auges glich das eingeschränkte Sichtfeld aus. Natürlich probierte ich es anschließend sofort aus. Ich hielt mir jeweils das rechte oder linke Auge zu und prüfte so mein Sehvermögen. In der Tat registrierte ich mehrere schwarze Flecken in meinem rechten Auge, die es mir unmöglich machten, meine Umgebung vollständig wahrzunehmen. Nun begann eine kleine Odyssee, da mein Augenarzt ein augenärztliches Problem direkt ausschloss, zu untypisch erschien ihm die Formgebung der schwarzen Flecken. Ich suchte einen weiteren Augenarzt auf, der ebenfalls ratlos war. Wegen eines begründeten Verdachts auf Schlaganfall oder eines Tumors an der Hypophyse wurde ich zum Neurologen überwiesen. Zum Schluss landete ich doch wieder in einer Augenklinik und die Diagnose lautete: Glaukom – im Volksmund auch „Grüner Star" genannt. Eine Augenkrankheit, die meist einen erhöhten Augeninnendruck und eine Einschränkung beziehungsweise eine völlige Verdunklung des Gesichtsfeldes mit sich bringen kann. Sie ist nicht heilbar und führt zur Erblindung. Ihr Verlauf ist allerhöchstens medikamentös zu verlangsamen, vielleicht sogar zu stoppen, doch niemals rückgängig zu machen. Die dunklen Bereiche im Auge deuten darauf hin: Hier sind Nerven tot.

Ein Glaukom in meinem Alter mit einem Gesichtsfeldausfall von gut 70 Prozent war für die Ärzte keine alltägliche Diagnose. Plötzlich hatte ich eine für mein Alter ungewöhnliche Erkrankung und war ein interessanter Fall, der in erster Linie für professionelle Neugier sorgte, aber auch für eine gewisse Hilflosigkeit, gemessen an den medizinischen Behandlungsmöglichkeiten, die zur Verfügung standen.

Nachdem ich einen Marathon von Experte zu Experte hinter mich gebracht hatte, neurologisch und kardiologisch als gesund eingestuft worden war, blieb dann nur noch eine genbedingte Ursache übrig.

Klarsicht und Durchblick gewinnen

Ich hatte gute und schlechte Tage. Gut waren die Tage, an denen ich nicht weiter über die ganze Sache nachdenken musste. Schlecht waren die Tage, an denen ich davon überzeugt war, in einigen Jahren gänzlich zu erblinden. In dieser Zeit lernte ich auch die Qualität und Güte einer ärztlichen Behandlung kennen und schätzen. Denn bevor ich meinen jetzigen Augenarzt fand, der es versteht, mich sowohl fachlich als auch menschlich professionell zu begleiten, begegnete ich einigen Medizinern, denen es an Fachwissen und vor allem an emotionaler Intelligenz sowie an sozialer Kompetenz gänzlich fehlte. Man schlug mir risikoreiche Operationen vor, deren Ausgang keine Verbesserung versprach. Man betrachtete mich als Studienobjekt und kommunizierte auf Latein. Man machte mir Angst durch fehlendes Feingefühl und Sprüche wie: „Ich gebe Ihnen noch ein paar Monate, dann kommen Sie hier mit einem Krückstock rein!" Oder auch: „Sie müssen diese Operation jetzt machen, sonst geht das so weiter. Bald ist alles schwarz!"

Ich kann Ihnen sagen, dass ich hier die Macht der Worte, und welche Gedanken diese auslösen können, eins zu eins miterleben konnte. Ich wurde vorsichtiger und meine Bewegungen unsicherer. Ich hatte vorher nichts bemerkt, doch jetzt nahm ich meine Sichtbeschränkung fast täglich wahr. Ich war nachtblind und mir war häufig schwindelig. Außerdem hatte ich Angst. Angst davor, tatsächlich blind zu werden. Was, wenn diese unsensiblen Idioten doch recht hätten? Dann könnte ich alle meine Wünsche und Pläne vergessen. Schlimmstenfalls wäre ich auf Hilfe angewiesen. Einfach grauenvoll – ein solcher Gedanke.

Um mich nicht abhängig vom Urteil der Schulmedizin zu machen, probierte ich einige Tipps und Empfehlungen anderer Menschen aus. Meine persische Freundin legte mir beispielsweise folgenden Geheimtipp ans Herz: „Trinke jeden Tag ein großes Glas frisch gepressten Erbsensaft. Das musst du mindestens über einen Zeitraum von sechs Wochen machen. Das soll wahre Wunder wirken."

Ich hab es gemacht. War gar nicht so einfach. Ständig Erbsen kaufen, die dann aus der Schote pulen und versuchen, daraus ein bisschen Saft zu gewinnen. Ich nehme an, dass das Trinken von Erbsensaft, neben der Tatsache eines erhöhten Luftaufkommens im Bauchraum, viele positive Auswirkungen auf die Gesundheit hat. Doch in puncto Augendruck tat sich überhaupt nichts.

Ein weiterer Weg führte mich in eine Naturheilpraxis, wo ich neben einer homöopathischen Behandlung auch eine sogenannte Augenakupunktur über mich ergehen ließ. Da werden zwar keine Nadeln ins Auge gestochen, dafür aber ins Gesicht, in die Handfläche und unter die Fußsohle. Einer der Therapeuten hatte ebenfalls ein Glaukom. Das Unglaubliche an der Sache war: Plötzlich war es einfach weg. Spontanheilung nennt man das.

Die amerikanische Ärztin Lissa Rankin ist dem Geheimnis der Spontanheilung nachgegangen und dabei auf eine Online-Datenbank gestoßen, die sich dem sogenannten Spontaneous Remission Project widmet. Es sind 3500 Fälle aus 800 Fachzeitschriften dokumentiert. „Als Spontanheilung bezeichnet man ein komplettes oder teilweises Verschwinden einer Krankheit oder eines bösartigen Tumors ohne jede Behandlung oder infolge von Behandlungen, für die kein Wirksamkeitsnachweis geführt werden konnte." Es gibt Fälle, wo ein HIV-positiver Patient plötzlich wieder HIV-negativ ist. Wo ein Tumor in der Brust oder Plaque an den Herzkranzgefäßen einfach wieder verschwindet. Unglaublich, aber wahr? Doch genau das verstehen wir auch unter dem Placebo- und Nocebo-Effekt. Die Macht der Imagination. Körper und Seele sind einfach untrennbar miteinander verknüpft. Und wenn es das alles gibt, dann kann vielleicht auch ein Glaukom, bei dem viele Nerven bereits abgestorben sind, einfach verschwinden. Die Nerven wachen dann einfach wieder auf, ähnlich wie scheintot, habe ich mir gedacht. Jedenfalls war ich aufgeregt und motiviert und wollte trotz der Tatsache, dass diese Behandlung ein kleines Vermögen kostete, den Schritt wagen. Gesagt, getan. Um es kurz zu machen: Die Akupunktur hatte auf meine Augen keine positiv nachhaltige Wirkung. Der Augendruck war weiterhin gleich hoch und besser sehen konnte ich auch nicht. Sicher denken Sie jetzt, dass ich mein Geld zum Fenster rausgeschmissen habe, und auf gewisse Art und Weise haben Sie auch recht, jedoch hatte die ganze Sache eine andere positive Nebenwirkung. Plötzlich konnte ich einige Dinge besser sehen. Nicht direkt mit den Augen, aber mit dem Herzen, wie es der kleine Prinz aus dem Buch von Antoine de Saint-Exupéry sagen würde.

Bei meinem Erstkontakt mit entsprechenden Therapeuten wurden mir Fragen gestellt. Sehr private Fragen, die ich nicht alle und nicht umfassend beantwortete. Da ich sie allerdings gehört hatte, rumorten Sie weiterhin in meinem Kopf herum. Mir ist heute klar, dass aufgrund meiner zögerlichen Haltung gewisse Rückschlüsse gezogen wurden, die mir hinterher, in Verbindung mit einer Irisdiagnose (ein Instrument aus der Alternativen Medizin, bei der im

Auge die Farbgebung der Iris und ihres Umfeldes näher betrachtet wird), als unumgänglicher Therapieplan verkauft wurden. *„Bei Ihnen ist viel GRÜN im Auge, das deutet auf eine große Wut hin."* Ich habe zwar braune Augen, aber man spricht ja von Grünem Star. Laut den Naturheilkundlern hat es mit der Leber und der Galle zu tun. Die Farbe Grün steht hier für viele Ärgernisse und unterdrückte Wut. *„Sie haben eine große Traurigkeit und viele Tränen, die nicht geweint worden sind."* Bei einem Glaukom kann das Kammerwasser nicht richtig abfließen, deswegen erhöht sich auch der Augeninnennendruck. Dieser drückt dann auf die Nervenbahnen und bringt sie zum Absterben. *„Denken Sie darüber nach, was Sie nicht sehen wollen. Wovor verschließen Sie die Augen? Was macht Ihnen Angst?"*

Durch die schwarzen Flecken wird das Gesichtsfeld immer kleiner. Man sieht manche Dinge einfach nicht mehr, weil sie in einem dunklen Bereich liegen. Man entwickelt eine Art Tunnelblick. Dann haute mir der Therapeut eine Dauernadel ins Ohrläppchen und ich machte mich auf den Nachhauseweg. Ich war vollkommen aufgewühlt und in mir tobte ein Kampf mit mir selbst. Was war nur los? Wo war mein Selbstbewusstsein? In meinem Kopf pochten unaufhörlich drei große Fragen: Welche Wut? Welche Traurigkeit? Was will ich nicht sehen? Die Zeit danach gestaltete sich recht turbulent und ich fuhr auf der Achterbahn der Emotionen. Mir war schlagartig klar geworden, was mich so wütend und traurig gemacht hatte. Es ging um alte Verletzungen und um fehlendes Vertrauen. Weil ich Angst hatte, die nötigen Konsequenzen aus dieser Sache zu ziehen, zog ich es vor, lieber nicht so genau hinzugucken. Ich schaute der Situation nicht ins Auge. Unbewusst werde ich gedacht haben: Wenn ich den unhaltbaren Zustand gar nicht erst sehe, gibt es auch keinen Grund, etwas ändern zu wollen, und keine Notwendigkeit zu handeln. Obwohl ich mich nicht über eine Spontanheilung oder eine Sichtverbesserung freuen konnte, waren doch so einige Dinge ans Licht gekommen. Die Sicht auf mich selbst, das Leben und mein Umfeld war plötzlich viel ungetrübter, klarer und heller. Ich habe in der Folgezeit zahlreiche Facetten meiner Persönlichkeit entdeckt und viele Entscheidungen getroffen. Entscheidungen, die mein Wohlbefinden deutlich erhöht haben. **Unser unzufriedenes Unbewusstes schickt unserem Körper eine Botschaft. Der Körper drückt diese durch ein Unwohlsein, eine Schwäche oder eine Krankheit aus, damit wir sie** auch bemerken können. Selbstbewusstsein bedeutet, diese Disharmonie zu erkennen und richtig zu interpretieren. Es ist der Schlüssel zu mehr Eigenverantwortung und Mut, den wir brauchen, um klare Entscheidungen zu treffen.

Mit meinem Glaukom lebe ich weiterhin, allerdings sehr entspannt und mit einer positiven Erwartungshaltung. Eine hundertprozentige Gewissheit, was nun der eigentliche Auslöser dieser ungewöhnlichen Augenerkrankung ist, werde ich wohl niemals erhalten. Vielleicht sind es die Gene oder einfach Zufall. Vielleicht entscheidet aber doch die Emotion darüber, ob etwas zum Ausbruch kommt oder nicht. Obwohl es mein Augenproblem nach wie vor gibt, halte ich Wunder und Spontanheilungen für möglich. Der Glaube versetzt bekanntlich Berge, so heißt es doch schon in der Bibel. In der Wissenschaft und Medizin gab es schon immer diese verblüffenden Phänomene, die außerhalb jeder rein kognitiven Vorstellung liegen. Es ist auf jeden Fall besser, Gutes zu erwarten, als eine negative Haltung zu pflegen. Es ist eine Frage der Realität und wie individuell diese tatsächlich ist. Es geht auch um spirituelle Intelligenz, denn die Wahrheit kann nicht immer einen eindeutigen Beweis liefern.

Körper und Geist sind untrennbar miteinander verbunden. Jeder Gedanke drückt sich körperlich aus. Darum ist jede Krankheit auch eine Botschaft der Seele. Sobald wir krank werden, gibt unser Körper uns ein Zeichen, das unsere Körper-Seele-Einheit aus ihrem harmonischen Feld gerutscht ist. Er schickt uns ein Signal und spricht mit uns. Er sagt solche Sachen wie:

„Anhalten! So darfst du nicht weiter machen!" – „Vorsicht! Du läufst auf dem falschen Weg!" – „Hallo, mach die Augen auf und schau genau hin!" – „Hallo, mach die Ohren groß und höre genau hin!"– „Hallo, höre auf dein Herz!"– „Stopp! Du musst etwas ändern!"–„Du musst etwas loslassen!"

Entweder wir sind zu beschäftigt oder wir haben schlicht und ergreifend Angst, unseren seelischen Zustand einmal etwas genauer unter die Lupe zu nehmen. Jedenfalls ignorieren wir im Vorfeld jede Menge Zeichen, sodass unserem Körper gar keine andere Möglichkeit bleibt, als uns etwas brutaler auf die Disharmonie aufmerksam zu machen. Er meint es schließlich gut mit uns und wir hören immer wieder von Menschen, die eine lebensbedrohliche Krankheit erfolgreich besiegen konnten. Oftmals haben sie anschließend ihre Haltung zum Leben und zu den Menschen in ihrem nahen Umfeld überdacht und grundlegende Veränderungen eingeleitet. Eine Krankheit – unabhängig von ihrem Ausgang – scheint in vielen Fällen die Augen zu öffnen und den Blick auf das Wesentliche zu lenken.

Das Unmögliche möglich machen – Analyse und Rekonstruktion

Bevor ich Ihnen jetzt die entsprechende Analyse anbiete, ist mir ausgesprochen wichtig zu betonen, dass es sich hierbei lediglich um einen hilfreichen Denkansatz handelt. Ich bin weit davon entfernt, jede Krankheit als Geschenk zu sehen, die für jeden Menschen einen Sinn ergibt und die Möglichkeit eines persönlichen Wachstums verspricht. Ich glaube nicht uneingeschränkt, dass jeder Mensch für seine Realität und seine Krankheiten eigenverantwortlich ist. Manchmal wird eine schwere Kerbe in das Leben gehauen und sogar Kinder bleiben nicht verschont. Selbst wenn sich dahinter eine Botschaft verstecken würde, ist es in vielen Fällen aussichtslos, darüber nachzudenken.

Wenn ich Sie also in diesem Kapitel an die Hand nehme, um Sie zu einem neuen und starken Selbstbewusstsein zu führen, gehe ich hierbei hauptsächlich von häufig diagnostizierten Befindlichkeitsstörungen und Zivilisationskrankheiten aus. Um nachhaltig ein gesundes Selbstwertgefühl und Selbstsicherheit aufbauen zu können, ist entscheidend, sich seiner Gedanken und seines Körpers bewusst zu werden. Vergessen Sie nicht, dass Ärzte davon ausgehen, dass rund 90 Prozent aller Krankheiten eine psychische Ursache haben oder stressbedingt sind.

> *„Eigentlich ist es ein Berufsgeheimnis, aber ich will es Ihnen trotzdem verraten. Wir Ärzte tun nichts. Wir unterstützen und ermutigen nur den Arzt im Inneren des Menschen."*
> (Albert Schweitzer)

Egal, welches Unwohlsein Sie plagt oder welche Krankheit Ihr Leben beeinflusst, vertrauen Sie sich selbst und dem Leben. Bitte beherzigen Sie folgende Weisheiten im Vorfeld der genauen Analyse:

1. Denken Sie gute und gesund machende Gedanken (Zielvisualisierung und positive Erwartungshaltung)!
2. Umgeben Sie sich mit Dingen und Menschen, die Ihnen guttun!
3. Stärken Sie sich durch gesunde Ernährung und eventuell durch Nahrungsergänzungsmittel!

Auch wenn es keinerlei Garantien dafür gibt, hat es durchaus Sinn, auf die eigenen Selbstheilungskräfte zu vertrauen. Sie haben bereits erfahren, wie kraftvoll Gedanken sein können und wie uns hausgemachte negative Glaubenssätze sabotieren. Doch erinnern Sie sich auch an die Power der Placebos und welche unglaublichen Ergebnisse diese liefern konnten.

Malen Sie sich in Gedanken mit allen Sinnen aus, dass Ihr Geist in einem gesunden Körper steckt. Und halten Sie nichts für unmöglich, nur weil andere es für unmöglich halten. Halten Sie alles für machbar, selbst wenn es bedeuten würde, an ein Wunder zu glauben. Es ist doch schöner, an ein Wunder zu glauben als an nahende Katastrophen.

Im Jahre 1954 gab es einen Läufer mit dem Namen Roger Bannister. Er ging in die Geschichte ein, weil er das Unmögliche schaffte. Er lief einen Weltrekord von einer Meile unter vier Minuten. Das galt zur damaligen Zeit als physiologisch unmöglich. Die Experten aus Medizin und Sport waren sich alle einig: Das wird niemals zu schaffen sein. Zahlreiche Sportler probierten es aus und scheiterten. Roger Bannister glaubte trotz vieler Einwände und eigener Misserfolge fest an seinen Erfolg. Und im Mai 1954 gelang es ihm dann. Das Interessante an der Sache ist nicht mal der Triumph von Bannister, sondern das Knacken einer kollektiven Denkblockade. Als die anderen Sportler erkannt hatten, dass es möglich ist, unter vier Minuten zu laufen, konnten noch im selben Jahr weitere Läufer den gleichen Erfolg feiern. Und so ging es unaufhörlich weiter. Der Glaube und die Überzeugung hatten eine Veränderung von „unmöglich" zu „möglich" bewirkt. Wenn Sie also aktuell an Fortschritt und Wachstum glauben, dann erhöhen Sie automatisch die Chance deren Gelingen.

„Ob du glaubst, du schaffst etwas, oder du glaubst, du schaffst etwas nicht, du wirst auf jeden Fall recht behalten." (Henry Ford)

Kommen wir jetzt zu der Rekonstruktion der Krankheitsgeschichte. Oft steckt hinter einer Krankheit eine Emotion. Es kann sich eine Art Lebensmüdigkeit dahinter verbergen, die in Depression und Suchtverhalten ihren Ausdruck findet. Oder es stecken Gefühle von Angst, mangelnder Selbstliebe und Selbstwertschätzung, Wut, Scham- und Schuldgefühle dahinter. Es ist eine sehr komplexe Angelegenheit, denn jede Emotion hat unterschiedliche Gesichter. Nehmen wir zum Beispiel das Schuldgefühl. Hier können sich verschiedene Glaubenssätze verankert haben: die Schuld am Tod oder Leid einer Person. Das Gefühl, andere Menschen enttäuscht zu haben. Der Vorwurf, einem Menschen nicht geholfen zu haben, oder das unangenehme Gefühl, eine bessere Behandlung als andere genossen und diese nicht verdient zu haben.

Bei der Rekonstruktion zeigt sich, welche Veränderung sinnvoll ist. Es geht oft darum, etwas loszulassen oder um Vergebung zu bitten. Es ist ein Problem oder ein Lebensthema, das uns heimlich wertvolle Energie raubt. Da wir uns immer wieder – entweder bewusst oder unterbewusst – damit beschäftigen, zapfen wir sämtliche Kraftreserven an. Hier geht Energie verloren, die wir gut für ein gelingendes Leben einsetzen könnten.

Coach yourself: Selbstanalyse und Entschlüsselung

Ziel

Analyse der eigenen Krankheitsgeschichte

Vorbereitung

Sie brauchen ein Blatt Papier und einen Stift.

Dauer

60 Minuten und mehr. Da es sich um ein dynamisches Bild handelt, können jederzeit weitere Ergänzungen gemacht werden.

Ort

Hauptsache, Sie sind ungestört!

Sinn und Zweck der Übung

Jede Transformation setzt eine Art Selbstanalyse voraus. Jetzt geht es darum, anhand verschiedener Fragen die Geschichte Ihres Unwohlseins zu rekonstruieren. Ich empfehle Ihnen, in drei aufeinander aufbauenden Schritten vorzugehen:

1. Benennung der Ausgangssituation: Welche gesundheitlichen Beeinträchtigungen habe ich aktuell?
2. Fragenkatalog zur Entschlüsselung der Ursache
3. Lösungsfindung

Los geht's

Schritt 1: Status Quo

Hier schreiben Sie auf: akute oder chronische Erkrankung, wiederkehrende Infekte und Befindlichkeitsstörungen, Gründe für Arzt- oder Apothekenbesuche, persönlich eingeschätztes Energieniveau.

Schritt 2: Situation und Symbolik

Stellen Sie sich nun Frage für Frage und versuchen Sie, darauf eine ehrliche Antwort zu finden. Die fett gedruckten Fragen geben einen roten Faden vor, der Ihnen einen sinnvollen Ablauf erleichtern soll. Die darunter stehenden Fragen geben Anregungen, das Problem aus unterschiedlichen Perspektiven zu betrachten:

1. Wann sind die Beschwerden das erste Mal aufgetreten?

In welchen Situationen treten sie immer wieder auf?

2. Was ist zu diesem Zeitpunkt in Ihrem Leben geschehen?

Welche Probleme und innere Konflikte gab es zu diesem Zeitpunkt?

Was hat Sie verletzt? Was verletzt Sie immer noch?

3. Was hat Sie aus dem Gleichgewicht gebracht?
Was können Sie nicht ertragen?
Was können Sie nicht sagen?
Was können Sie nicht hören?
Woran wollen Sie sich nicht erinnern?
Wer oder was macht Sie krank?
4. Was könnte das entsprechende Organ symbolisieren?
Was fällt Ihnen schwerer als vorher?
Gab es einen Zeitpunkt, zu dem Sie beschwerdefrei waren?
Wozu werden Sie gezwungen?
5. Was will Ihr Körper Ihnen sagen?
Was fällt Ihnen schwerer als vorher?
Welche mentale Einstellung verbirgt sich dahinter?
Welche Vorteile ziehen Sie aus der Krankheit?
Woran hindert Sie die Krankheit?
Schritt 3: Lösung
Welche Aktionen folgen?
Welche neuen Entscheidungen treffen Sie?
Welche neuen Glaubenssätze tun Ihnen gut?

Körperteile und ihre Bedeutung

Ich gebe Ihnen hier eine kleine Auswahl einiger Körperregionen
und ihrer Aussagekraft hinsichtlich einer psychologischen Bedeutung. Sie finden in den Büchern von Claudia Rainville, Ruediger
Dahlke und Louise L. Hay eine umfassende Symbolik-Deutung
und einen lösungsorientierten Ansatz durch die entsprechenden
Fragestellungen.

Knochen	–	deuten auf Probleme mit Autoritäten, Struktur und Prinzipien hin.
Muskeln	–	verwandeln den Gedanken in Aktion, Anstrengung, Motivation.
Sehnen	–	symbolisieren unsere Bindungen.
Schultern	–	signalisieren Belastungen.
Arme	–	stehen dafür, Dinge anzupacken.
Gelenke	–	stehen für Richtungsveränderungen im Leben.
Knie	–	symbolisieren Flexibilität und die Fähigkeit nachzugeben.

Füße	–	stehen für Fortschritt.
Kopf	–	steht für Programmierungen, Glaubenssätze und Individualität.
Augen	–	symbolisieren Einblick, Durchblick, Blick auf uns selbst und andere.
Ohren	–	stehen für Aufnahmefähigkeit, Informationen empfangen.
Haut	–	Schutzhülle des Körpers, symbolisiert den Kontakt zu anderen.
Haare	–	Kraft, Schönheit, Bindung zu nahestehenden Menschen.
Atemwege	–	symbolisieren die Kommunikation.
Herz	–	steht für Liebe, Freude und Vertrauen.
Venen	–	signalisieren Fähigkeit, Probleme zu lösen.
Magen	–	symbolisiert die Fähigkeit, Informationen aufzunehmen, zu verdauen.
Darm	–	handeln und nicht handeln, wieder ausscheiden, loslassen.
Zähne	–	stehen für Entscheidungen.
Niere	–	steht für Gleichgewicht und Partnerschaft.
Blase	–	hier geht es um Druck und loslassen können.

Analyse anhand eines Beispiels aus der Coaching-Praxis

Schritt 1: Status Quo

Ein 45-jähriger leidet unter starken, immer wieder auftretenden Kopfschmerzen. Nachdem organische Erkrankungen ausgeschlossen worden sind, lautet die Diagnose „Stress in Verbindung mit falscher Lebensweise." Ihm wurde angeraten, häufiger zu entspannen, spazieren zu gehen, weniger Alkohol und dafür mehr Wasser zu trinken.

Schritt 2. Situation und Symbolik

1. Erstmals sind die Beschwerden aufgetreten, als sein Chef eine Verhaltensveränderung von ihm einforderte. Er fühlt sich gezwungen, sich unterzuordnen und anzupassen, weil er große Angst hat, seinen Job zu verlieren.

2. Immer dann, wenn ihm bewusst wird, wie sehr er sich verbiegen und seine Individualität aufgeben muss, leidet er an heftigen Kopfschmerzen.

3. Die Situation wird als ausweglos interpretiert. Anpassung wird erzwungen. Der Chef wird als fordernd empfunden und die „Anweisungen von oben" als böswilliger Eingriff in das persönliche System.

4. Heftige und wiederkehrende Kopfschmerzen deuten meist auf ein Gefühl der Angst und Unsicherheit hin. Wenn diese mit Nackenschmerzen beginnen, ist ein Gefühl der Bedrohung vorhanden. Er zerbricht sich den Kopf und bekommt Kopfschmerzen. Er versucht sich vor Angriffen zu schützen und alles unter Kontrolle zu halten (Ritterrüstung/Nackensteife).

5. Der schmerzende Kopf behindert das Suchen und Finden von Alternativen. Der steife Nacken sorgt für eine einseitige Wahrnehmung. Es wird nicht nach rechts und links geschaut.

Schritt 3. Lösung

Wenn einem der Kopf zu platzen droht, dann werden wahre Bedürfnisse und Emotionen unterdrückt. Oft wird dieses getan, um sich anderen Menschen und der Gesellschaft anzupassen. Je mehr Selbstkontrolle ausgeübt wird, desto größer kann der Kopfschmerz werden. Denken Sie an die Metapher mit dem Ball, der sich nicht unter Wasser drücken lässt. Mit enormer Kraft schießt er bei jedem Versuch wieder an die Wasseroberfläche.

Die negativen Glaubenssätze, die sich dahinter verbergen, lauten: Ich muss mich anpassen. Ich muss es den anderen recht machen. Wer nicht tut, was man ihm sagt, verliert seine Sicherheit.

Konkrete Überlegungen dazu wären: Wie viel Anpassung ist möglich, ohne gesundheitliche Beschwerden davonzutragen? Es bieten sich folgende Alternativen an: Sicherheit im Inneren und nicht im Außen suchen. Auflösung des Glaubenssatzes durch den gezielten Aufbau von Selbstsicherheit. Gespräche führen und Entscheidungen treffen, zum Beispiel eine Kündigung und berufliche Neuorientierung.

Wenn der Arzt Ihnen sagt, dass Sie Stress haben, ist es auf jeden Fall ratsam, die tatsächliche Ursache aufzuspüren. Sie können noch so viel Wasser trinken, auf Zigaretten und Alkohol verzichten, Sport treiben und frische Luft atmen –

Ihr Problem bleibt weiterhin Ihr Problem. Was immer Sie auch zum Arzt getrieben hat, mag es das nächtliche Schwitzen, Herzrasen, Schwindel, Übelkeit oder die ständigen Infekte sein, denken Sie daran, dass Ihr Körper mit Ihnen kommunizieren möchte. Er flüstert Ihnen etwas zu, in der Hoffnung, Sie hören auch genau hin. Einige haben vielleicht bereits sämtliche Ärzte abgeklappert und sind darüber frustriert, dass sie ihnen keine handfesten Krankheiten diagnostizieren konnten. Sie fühlen sich krank und es heißt trotzdem, dass ihnen nichts fehlt. Doch die Symptome bleiben und nur sehr selten sind diese eingebildet. Hinter der Symptomatik versteckt sich oft ein hartnäckiger emotionaler Stress. Je besser ein Mensch mit seinem Körper verknüpft ist, desto sensibler reagiert er auch auf dessen Botschaften.

Versuchen Sie doch einmal Ihr gängiges Vokabular zu filtern, denn auch hier verbergen sich jede Menge Hinweise auf schädliche Denk- und Verhaltensweisen. Das macht mich alles krank! Ich kann dich nicht mehr sehen! Ich kann das nicht mehr hören! Ich kann das nicht mehr ertragen! Das stinkt mir gewaltig! Meine Nerven liegen blank! Mir platzt gleich der Schädel! Ich könnte kotzen! Ich hab die Nase voll! Das schlägt mir auf den Magen! Ich hab einen Kloß im Hals! Ich krieg keine Luft mehr! Du nimmst mir die Luft zum Atmen! Ich halte das nicht mehr aus! Mir kommt die Galle hoch! Ich bin stinksauer! Du brichst mir das Herz! Das ist ja zum Haareraufen! Mir stockt das Blut! Auf Biegen und Brechen!

Schluss

Stehaufmännchen – Das Geheimnis, unbesiegbar zu sein

Kennen Sie den geflügelten Satz „Ein Herz und eine Seele sein"? Herz und Seele sind fest miteinander verbunden. Es gibt Menschen, die sind an gebrochenem Herzen gestorben. „Open-Heart-Syndrome" nennt sich das. Selbst der Ärzteschaft ist heute bewusst, dass nicht nur körperliche Faktoren wie das Rauchen oder Bluthochdruck einen Infarkt auslösen können. Vielmehr ist die Belastung durch negative Emotionen, die zu Stress und Unzufriedenheit führen, eine der Hauptursachen. Doch es geht nicht primär darum, ob wir gerade eine anstrengende Zeit durchmachen, sondern vielmehr um unsere eigenen Gedanken. Um unsere individuelle Interpretation der Geschehnisse. Sie wissen doch: Der Gedanke steht an erster Stelle. Er verwandelt sich in ein Gefühl. Das Gefühl zeigt sich körperlich.

Der Weg zu einem größeren Selbstbewusstsein und besserer Gesundheit führt über Sensibilität und Achtsamkeit. Sie können eine große Widerstandskraft gegen Krankheiten aufbauen, wenn Sie sich bewusst machen, wer Sie sind, was Sie denken und was Ihnen Ihr Körper sagt. Je feinfühliger Sie werden, je intensiver Sie sehen, hören, fühlen, riechen und schmecken können, desto größer ist die Chance, Ihre Gedankenwelten positiv zu beeinflussen. Vielleicht denken jetzt manche von Ihnen: „Ja, wenn ich so sensibel bin, dann bin ich auch leicht verletzbar!" Und damit liegen Sie nicht ganz falsch, zumindest nicht auf den ersten Blick. Doch in letzter Konsequenz wird diese Feinfühligkeit Ihnen ermöglichen, sich intensiv in einen guten Zustand zu assoziieren.

Probieren Sie bitte folgende Übung einmal aus:

Übung: *Sensibilität und Achtsamkeit*

1. Legen Sie Ihre Hände auf den Bauch. Spüren Sie, wie er sich beim Einatmen nach vorne wölbt und beim Ausatmen wieder senkt. Genießen Sie das freie Atmen in der Natur und gönnen Sie Ihren Augen schöne und harmonische Bilder. Genießen Sie die Farben und die Stille. Saugen Sie die Frische des Tages und eine Riesenportion Sauerstoff in sich auf.

2. Gleiten Sie in Gedanken über Ihren gesamten Körper, vom Scheitel bis zur Fußsohle. Fühlen Sie genau hin: Wo ist es kalt oder warm? Wo ist es eng oder weit? Wo ist alles im Fluss und wo sind Blockaden? Wo drückt es? Wo kribbelt es? Wo ist es angenehm? Was beunruhigt Sie? Gönnen Sie Ihrem Körper die nötige Entspannung. Werfen Sie sich einfach einmal faul auf das Sofa und machen Sie sich schlapp. Hören Sie eine Musik dazu, die auf Körper und Geist beruhigend wirkt.

3. Nehmen Sie eine Rosine, einen Granatapfelkern oder ein Mandarinenstückchen in den Mund. Schließen Sie die Augen. Lassen Sie es auf Ihrer Zunge wandern. Fühlen Sie die Form. Lutschen Sie es. Schmecken Sie es. Beißen Sie einmal kurz darauf und spüren Sie, wie es saftiger wird. Schmecken Sie bewusst. Zerbeißen Sie es immer kleiner und kauen Sie es oft. Schlucken Sie es nach und nach hinunter.

4. Gehen Sie im Zimmer hin und her, indem Sie Ihre volle Konzentration auf die Füße lenken. Spüren Sie, wie die Ferse auf dem Boden aufsetzt und wie Sie dann über den Fußballen langsam abrollen. Nehmen Sie den Bodenkontakt intensiv wahr. Prüfen Sie, wie es Ihren Zehen geht. Bleiben Sie aufmerksam, bei jedem Schritt, mit dem linken und mit dem rechten Fuß.

5. Nehmen Sie gelegentlich einen vertrauten Menschen fest in den Arm. Damit meine ich nicht diese flüchtige „Küsschen-links-und-rechts"-Attitüde. Schließen Sie diese Person zart und herzlich in Ihre Arme. Versuchen Sie den Körperkontakt zu spüren. Nehmen Sie die Körpertemperatur, den Geruch und den Atemrhythmus dieser Person wahr.

Für die Fähigkeit, Angriffe von außen abzuwehren und nicht bei den kleinsten Problemen aus den Schuhen zu fliegen, gibt es auch einen fachlichen Begriff: Resilienz. Ursprünglich stammt das Wort aus dem Bereich der Physik, wo es um Materialien wie zum Beispiel Gummi geht, die nach extremer Anspannung wieder in ihren Ursprungszustand zurückfinden. Es ist damit die Stärke gemeint, die uns nach einer Niederlage oder einem Schicksalsschlag wieder aufstehen lässt.

Wie Sie in Schritt 2 erfahren haben, ist der Aufbau von Bewusstsein und Stärke vor allem über ein ganzheitliches Denken und regelmäßiges Tun möglich. Hier noch mal die drei wichtigen Schritte hin zu mehr Eigenverantwortung und Wohlbefinden:

- **Erschaffung eines positiven Selbstbildes**
- **Aufbau von mentaler Stärke**
- **Die Entwicklung eines guten Körpergefühls**

Wenn es Ihnen gelingt, zu einem neuen und authentischen Selbstbewusstsein zu gelangen, werden Sie automatisch stärker und widerstandsfähiger werden. Sie bleiben dann auch in harten Zeiten stark genug, um sämtliche Abwehrkräfte zu mobilisieren und sich bedrohlichen Situationen zu stellen.

„Mitten im Winter habe ich erfahren, dass es in mir einen unbesiegbaren Sommer gibt." (Albert Camus)

Vergessen Sie auf Ihrem Weg zu sich selbst und hinaus in das Leben nicht, wie wertvoll uns allen die Beziehungen zu anderen Menschen sind. Wertvolle Beziehungen machen uns stark und immun gegen die Ungerechtigkeiten des Lebens, und am Ende sind sie oft ein Indikator dafür, wie sinnvoll und gelungen unser Leben verlaufen ist.

Innerhalb der Glücksforschung stimmen Experten weltweit überein, dass gute Beziehungen, Partnerschaft und Freundschaften uns stark und glücklich machen können. Genauso wie giftige Beziehungen uns geradezu krank machen und wir sogar an gebrochenem Herzen sterben können. Die tiefgehende Beschäftigung mit dem eigenen ICH ist eine gesunde Grundvoraussetzung, um erfüllende und schöne Beziehungen zu führen. Nur ein Mensch, der stark ist, kann auch für andere stark sein. Nur einem Menschen, der sich selbst wichtig ist, können auch andere Menschen wichtig sein. Wer in der Lage ist, sich selbst glücklich zu machen, der fordert es nicht von anderen ein. Er begegnet den anderen vielmehr mit der Haltung, dass Geben wichtiger ist als Nehmen.

Probieren Sie es einfach aus. Überlegen Sie einmal: Welchem Menschen möchten Sie gern „Danke" sagen? Zu wem möchten Sie sagen: „Es ist schön, dass es dich gibt!" Wem wollen Sie gern ein Kompliment machen? Wen würden Sie gern näher kennenlernen?

Sie brauchen nur einmal daran zu denken, wie schön Sie es selbst finden, wenn Sie jemand mit Worten berührt und wertschätzt. Wie gut es sich anfühlt, ein ehrlich gemeintes Lob oder ein Kompliment zu erhalten. Es streichelt unsere Seele, wir wachsen und wir werden stärker. Sie zeigen Ihre Größe und Stärke vor allem dadurch, auch anderen Menschen ein gutes Gefühl geben zu können.

Ich habe während meiner Zeit mit der Partnerschaftsagentur immer wieder festgestellt, dass die meisten Menschen jemanden suchen, der das schaffen kann, wozu sie sich selbst anscheinend nicht in der Lage sehen: Glück empfinden und dem Leben einen Sinn geben. Es ist absolut falsch, die Erfüllung dieses Wunsches im Außen zu suchen. Suchen Sie in Ihrem Inneren. Machen Sie sich selbst stark und glücklich. Der passende Partner wird dann ganz automatisch Ihr Wohlbefinden erhöhen und Ihr Selbstbewusstsein stärken.

Die Zukunft ist eine dumme Sau

„Die Zukunft ist eine dumme Sau, man weiß nie, mit was sie als Nächstes um die Ecke kommt." (Sven Regener)

Ich erinnere mich an meinen Freund Jürgen aus der Zeit, als wir Anfang zwanzig waren. Es waren nur wenige Wochen vor einem großen und wunderbaren Ereignis. Seine Frau erwartete ein Baby und Jürgen würde zum ersten Mal Vater werden.

Er war mit dem Motorrad unterwegs auf der Autobahn. Ein Lastwagen wechselte auf die linke Spur. Er hatte ihn wohl übersehen. Es war ein schwerer Unfall und wenige Wochen später ist er an seinen Verletzungen gestorben. Das war sehr traurig. Jürgen wirkte mit zwanzig schon so unglaublich vernünftig und reif. Er ging regelmäßig seiner Arbeit nach, war bodenständig, ordentlich, vorausschauend und zuverlässig. Er hielt sich an sämtliche Verkehrsregeln und Geschwindigkeitsvorschriften. Er hätte sich nie volltrunken ans Steuer oder auf die Maschine gesetzt. Er wäre niemals ohne Helm gefahren. In seinem Auto musste man sich selbst als Beifahrer anschnallen. Und das in den Achtzigern, da waren Sicherheitsgurte höchstens eine Zierde. Was haben wir alle für einen Blödsinn gemacht. Und einige haben es besonders wild getrieben. Doch letzten Endes spielt es keine Rolle, ob du besonders vorsichtig oder leichtsinnig unterwegs bist. Das letzte Wort spricht ohnehin irgendjemand anderes.

„Der liebe Gott lacht sich kaputt, wenn die Menschen Pläne schmieden", heißt es doch auch scherzhaft.

Sicher kennen Sie den Film *Titanic* mit Leonardo DiCaprio (Jack) und Kate Winslet (Rose) in den Hauptrollen. Der Film beruht auf der wahren Begebenheit, dass das britische Passagierschiff „Titanic" auf seiner Jungfernfahrt 1912 einen Eisberg rammte und unterging. Über 1500 Menschen haben bei dieser Katastrophe ihr Leben gelassen. Die Liebesgeschichte im Film ist rein fiktiv und eine klassische Hollywoodinszenierung. Ich möchte Ihnen gern einige Zeilen zitieren, weil Jack ein paar wichtige Worte spricht, die wir uns alle zu Herzen nehmen können. Er ist im Film ein brotloser Künstler, der eine Einladung in die erste Klasse zum Dinner erhalten hat. Auf die Frage einer betuchten Dame antwortet er Folgendes: „Sehen Sie, ich habe alles, was ich brauche, bei mir. Ich habe Luft in meinen Lungen und ein paar leere Blatt Papier. Ich finde es schön, morgens aufzuwachen und nicht zu wissen, was passiert. Wohin es mich verschlägt. Oder wer mir begegnet. Sehen Sie, vor ein paar Tagen, da habe ich noch unter einer Brücke geschlafen. Und jetzt sitze ich hier, auf dem größten Schiff der Welt und trinke mit vornehmen Leuten wie Ihnen Champagner. Ich finde, das Leben ist ein Geschenk. Und ich habe nicht vor, etwas davon zu verschleudern. Man weiß nie, was für Karten man als nächstes bekommt. Ich habe gelernt, das Leben so zu nehmen, wie es kommt. Weil jeder Tag zählt!"

Am gleichen Abend lassen er und Rose es dann ordentlich krachen. Es wird getanzt und gelacht. Voller Leidenschaft. Der Abend wird so richtig ausgekostet. Lust. Liebe. Freiheit. Das Leben feiern.

Nur wenige Stunden später rammt die „Titanic" den Eisberg. Es ist ein schreckliches Drama, bei dem so viele Menschen sterben. Jack ist einer davon!

Wir alle kennen die weisen Botschaften wie „Carpe Diem" oder „Lebe jeden Tag, als wenn es der letzte wäre", und wir alle haben bereits die Erfahrung gemacht, dass das einfach nicht funktioniert. Denn es ist absolut menschlich, sich auch einmal über Belanglosigkeiten aufzuregen, sich zu langweilen und Sinnloses zu tun. Was jedoch auch menschlich, aber keinesfalls mit der gleichen Lässigkeit zu betrachten ist, ist die Tatsache, dass viele von uns nicht wissen, wer sie sind und was sie eigentlich wollen. Oft stellt sich die Frage: Warum mache ich nicht einfach das, was ich will? Ich habe doch nur dieses eine Leben.

Ich hoffe, Ihre Gedanken sind ein wenig in Bewegung gekommen und Sie sind motiviert, mehr Bewusstsein für Ihre eigene Persönlichkeit, Ihre Gefühle und Ihren Körper zu entwickeln. Es ist ein großer Gewinn, ein authentisches Leben zu führen und mutige Entscheidungen zu treffen.

Ich wünsche Ihnen gute Gefühle und den Mut, Ihr eigenes Leben zu leben. Geben Sie sich selbst die Erlaubnis, glücklicher zu sein, und entwickeln Sie ein gesundes Selbstbewusstsein.

Denken Sie ganzheitlich!
Handeln Sie regelmäßig!
Und vor allem – tun Sie es JETZT!

Vita Dr. med. Michael Spitzbart

Michael Spitzbart, geboren 1957, absolvierte sein Medizinstudium in den USA und an verschiedenen deutschen Universitäten. Nach längerer chirurgischer Tätigkeit erfolgte die Ausbildung im Fachgebiet Urologie am Klinikum Nürnberg. Mittlerweile ist er auf präventive und orthomolekulare Medizin spezialisiert und leitet die erste deutsche „Praxis für Gesunde". Als einer der bekanntesten Gesundheitsexperten Europas ist Michael Spitzbart ein international gefragter Referent zum Thema Stressbewältigung im Management. Er blickt auf weit über tausend Vorträge auf Kongressen, Fachtagungen und Symposien zurück. Renommierte Firmen binden ihn bei Fragen des Gesundheitsmanagements und der Mitarbeitermotivation ein. In seinem Gesundheitsdienst „Dr. Spitzbart's Gesundheitspraxis" berät er zu den Themen bewusste Ernährung, mentale Stärke und körperliche Fitness.

Weitere Informationen finden Sie unter *dr.spitzbart.com*.

Quellen und Literaturempfehlungen

Adolph, Karen: How Do You Learn to Walk? Thousands of Steps and Dozens of Falls per Day, Psychological Science 23, Kalifornien 2012.

Asgodom, Sabine: Eigenlob stimmt. Erfolg durch Selbst-PR, Berlin 2014.

Backe, Prof. Dr. med. Jael / Reinwarth, Alexandra: Sei dein eigener Arzt. Die medizinisch fundierte Anleitung zur Selbstheilung, München 2014.

Bartens, Werner: Körperglück. Wie gute Gefühle gesund machen, München 2010.

Becker, Jan: Du wirst tun, was ich will. Hypnose-Techniken für den Alltag, München 2014.

Ben-Shahar, Tal: Glücklicher. Lebensfreude, Vergnügen und Sinn finden mit dem populärsten Dozenten der Harvard University, München 2007.

Cantieni, Benita / Hüther, Gerald / Storch, Maja / Tschacher, Wolfgang: Embodiment. Die Wechselwirkung von Körper und Psyche verstehen und nutzen, Bern 2011.

Christiani, Alexander / Scheelen, Frank M.: Stärken stärken. Talente entdecken, entwickeln und einsetzen, München 2013.

Dahlke, Ruediger: Krankheit als Symbol. Ein Handbuch der Psychosomatik. Symptome, Be-Deutung, Bearbeitung, Einlösung, Bielefeld 2007.

Dispenza, Dr. Joe: Schöpfer der Wirklichkeit. Der Mensch und sein Gehirn – Wunderwerk der Evolution, Burgrain 2013.

Dispenza, Dr. Joe: Du bist das Placebo – Bewusstsein wird Materie, Burgrain 2014.

Dweck, Carol: Selbstbild. Wie unser Denken Erfolge oder Niederlagen bewirkt, München 2010.

Haas, Oliver: Corporate Happiness als Führungssystem. Glückliche Menschen leisten gerne mehr, Berlin 2011.

Hay, Louise L.: Heile deinen Körper. Seelisch-geistige Gründe für körperliche Krankheit, Bielefeld 1989.

Kay, Katty / Shipman, Claire: The Confidence Code: The Science and Art of Self-Assurance – What Women Should Know, New York 2014.

Kirschner, Josef: Die Kunst, ein Egoist zu sein, München 2000.

Krebs, Klaus / Schaffer-Suchomel, Joachim: Du bist, was du sagst. Was unsere Sprache über unsere Lebenseinstellung verrät, München 2011.

Kuhni, Alfred: Mir geht es gut. Wenn nicht sorge ich dafür, Norderstedt 2009.

Lipton, Bruce H.: Intelligente Zellen. Wie Erfahrungen unsere Gene steuern, Burgrain 2013.

Löhr, Jörg / Pramann, Ulrich: Lebe deine Stärken! Wie du schaffst, was du willst, Berlin 2008.

Loyd, Dr. Alex / Johnson, Dr. Ben: Der Healing-Code: Die 6-Minuten-Heilmethode, Reinbek 2013.

Lyubomirsky, Sonja: The How of Happiness: A New Approach to Getting the Life You Want, London 2008.

Lyubomirsky, Sonja: Glücklich sein. Warum Sie es in der Hand haben glücklich zu leben, Frankfurt 2013.

Mühlenhof, Mira: Key to see. Menschenkenntnis ist der Schlüssel zu gelingenden Beziehungen, München 2014.

Perlmutter, David / Villoldo, Alberto: Das erleuchtete Gehirn. Mit Schamanismus und Neurowissenschaft das Geheimnis gesunder Zellen entdecken, München 2011.

Poller, Carmen Maria: Mull im Glück. Motiviert und selbstbewusst ins Leben starten, Saarbrücken 2012.

Poller, Carmen Maria: Gleich und Gleich auf Kuschelkurs. Wenn SIE ihre Herzdame und ER seinen Märchenprinzen sucht, Kirchhain 2009.

Rainville, Claudia: Metamedizin. Jedes Symptom ist eine Botschaft, Güllesheim 2004.

Rankin, Dr. Lissa: Mind over Medicine. Warum Gedanken oft stärker sind als Medizin: Wissenschaftliche Beweise für die Selbstheilungskraft, München 2014.

Rauen, Christopher: Coaching-Tools, Bonn 2011.

Robbins, Anthony: Das Robbins Power Prinzip. Wie Sie Ihre wahren inneren Kräfte sofort einsetzen, Berlin 2012.

Schneider, Reto U.: Das Buch der verrückten Experimente, München 2011.

Seligman, Martin E. P: Flourish – A Visionary New Understanding of Happiness and Well-being, New York 2011.

Seligman, Martin E. P: Der Glücks-Faktor. Warum Optimisten länger leben, Köln 2008.

Spitzbart, Michael: Erschöpfung und Depression. Wenn die Hormone verrücktspielen, München 2013.

Spork, Peter: Der zweite Code. Epigenetik – oder: Wie wir unser Erbgut steuern können, Reinbek 2010.

Wehrle, Martin: Die 100 besten Coaching-Übungen, Bonn 2011.

Wiseman, Richard: Machen, nicht denken! Die radikal einfache Idee,die Ihr Leben verändert, Frankfurt 2013.

Wiseman, Richard: So machen Sie Ihr Glück: Wie Sie mit einfachen Strategien zum Glückspilz werden, München 2003.

Außerdem wurden diverse Online-Quellen genutzt: PM-Magazin, Ärztezeitung, Focus-Online, Handelsblatt und Wirtschaftswoche sowie eine Strophe des Songtextes „Du bist ein Riese..." aus dem Album „Über den Wolken" von Reinhard Mey (offizielle Website).

Dein Leben ist leicht, wenn du es willst
Den Selbstwert stärken
Thomas Bergner

224 Seiten, Klappenbroschur
978-3-8319-0577-5

Nichts wird anders, wenn wir selbst nichts ändern. Wir können aktiv Einfluss darauf nehmen, wie glücklich wir in unserem Leben sind. Thomas Bergner gibt konkrete und lebensnahe Tipps, wie wir unsere individuellen Stolpersteine aufspüren, die häufig aus den Erwartungen der anderen bestehen, oft genug aber auch aus den Erwartungen an uns selbst.

Stehe zu dir, wie du bist ...
... und finde ehrlich zu dir selbst.
... und sei zufrieden mit dir selbst.
... und komme in Einklang mit deiner Vergangenheit.
... und erkenne, was dir wirklich wichtig ist im Leben.

Begeisterung fürs Leben
Die Kraft deiner Gedanken
Uwe Böschemeyer

160 Seiten, Klappenbroschur
978-3-8319-0529-4

Wir „sehen" nur wenig von dem, was die Gedanken in uns und anderen bewegen. Dabei nehmen sie Einfluss auf unsere Gefühle, unsere Entscheidungen und unser Handeln.
Sich selbst kennen und sich selbstsicher bejahen, auch allein glücklich sein können, den Sinn im eigenen Leben erkennen und andere Menschen vorurteilsfrei annehmen – der Schlüssel dazu liegt allein in uns und unserer Einstellung.
Uwe Böschemeyer gibt in seinen Texten wertvolle Anregungen, so gut wie möglich mit unseren Gedanken umzugehen – fundierter Rat zum Glücklichsein.

So bin ich eben!
Erkenne dich selbst und andere
Stefanie Stahl/Melanie Alt

272 Seiten, Klappenbroschur
978-3-8319-0200-2

Wie tickt der Mensch? Stellen Sie sich vor, Sie könnten mit einem Fahrstuhl in Ihr Unbewusstes hinabfahren und sich dort mal in aller Ruhe in der „Schaltzentrale" umgucken und jene Mechanismen betrachten, die Ihr Handeln, Ihr Denken und Fühlen, Ihre Wahrnehmung und Ihre Entscheidungen bestimmen. Ein Buch, das man auch von hinten lesen kann – der Test auf den letzten Seiten verrät: So bin ich eben!

Was die Lektüre so vergnüglich macht, ist die Gebrauchsanweisung für die 16 Typen. Kleine Kniffe erzielen oft große Wirkung: [...] So gesehen ist die Typenlehre ein Energiesparmodell.
F.A.Z.

Leben kann auch einfach sein!
So stärken Sie Ihr Selbstwertgefühl
Stefanie Stahl

240 Seiten, Klappenbroschur
978-3-8319-0443-3

„Selbstwertgefühl? Davon könnte ich mehr gebrauchen!" Wem ist dieser Gedanke nicht schon mal durch den Kopf gegangen. Wir alle haben sie zwar, die Stärken und Schwächen, Fehler und Talente. Die Frage lautet nur: Wie gehen wir mit ihnen um?
Verabschieden Sie sich von der Vorstellung, Unsicherheit sei eine unabänderliche Eigenschaft. Stefanie Stahl weist auf Ursachen und Konsequenzen hin und verrät eine Vielzahl erstaunlich einfacher Strategien, wie man aus der eigenen Unsicherheit ausbrechen kann.

Impressum

Bibliografische Information der Deutschen Nationalbibliothek
Die Deutsche Nationalbibliothek verzeichnet diese Publikation in
der Deutschen Nationalbibliografie; detaillierte bibliografische
Daten sind im Internet über http://dnb.d-nb.de abrufbar.

ISBN 978-3-8319-0616-1

© Ellert & Richter Verlag GmbH, Hamburg 2015

Text: Carmen Maria Poller, Düsseldorf
Titelfoto: ©Studio Barcelona – Fotolia
Foto der Autorin: © privat
Lektorat: Birthe Imsel, Hamburg
Titelgestaltung: BrücknerAping Büro für Gestaltung GbR,Bremen
Gesamtherstellung: CPI books GmbH, Leck

www.ellert-richter.de
www.facebook.com/EllertRichterVerlag